U0038615

滄海叢刊

見賢集

鄭彥棻著

1986

東大圖書公司印行

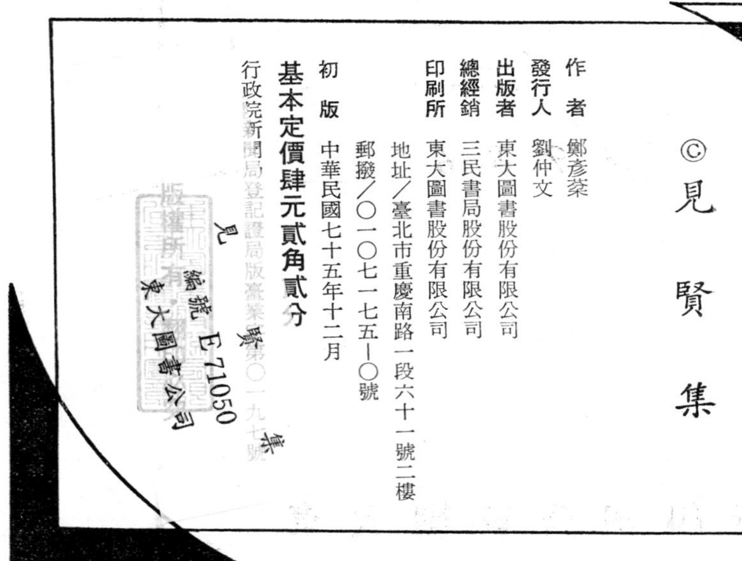

©見賢集

作者 鄭彥棻
發行人 劉仲文
出版者 東大圖書股份有限公司
總經銷 三民書局股份有限公司
印刷所 東大圖書股份有限公司
地址／臺北市重慶南路一段六十一號二樓
郵撥／〇一〇七一七五一〇號
初版 中華民國七十五年十二月
基本定價肆元貳角貳分
行政院新聞局登記證局版臺業字第〇一九七號

見賢集
編號 E71050
東大圖書公司

前言

本局曾於民國七十二年，蒐集鄭先生近年來在各報章雜誌所發表懷念先哲、友人的文章，刊行了「思齊集」。思齊者，見賢人懿行而思與並駕也。文載二十四位有功於黨國的元老、學者，出刊以來，深獲讀者佳評。

今年，本局特再度諮請鄭先生，以其懷友近作，續成「見賢集」。文中選錄了二十位學者、政要，如：畢生興學育才的鄒魯先生、以保名教爲己任的張其昀先生、落實基層的戴仲玉先生暨史學大師黃季陸先生……等。每一位都集膽識、見識、學識於一身，對民族國家無不竭誠至忠、戮力服務。他們的一生，也就等於一部民初歷史；而他們的嘉言懿行，更彌足以風範當世、策勵來茲。

鄭先生的文筆自然流暢，早於「思齊集」中所見歷歷。其不假雕琢的清爽作風，一如其爲人眞誠無僞、至情至性。三年後的今天，作者再爲「見賢集」，無寧是文化界一道新出的有力泉源，讀者欲知飲水冷暖，不妨親與之也。

東大圖書公司編輯部謹識
民國七十五年十一月

見賢集目次

疾風知勁草　板蕩識忠臣

吳忠信

中華民國十一年二月九日游桂林疊綵山
攝影以留紀念

右：吳忠信先生於民國十一年隨侍
國父遊桂林，後坐者爲　國父、前坐
者左爲許崇智先生右爲吳忠信先生
左上：吳忠信先生於壬戌元旦與　蔣
公在桂林合影右起依次　蔣公、胡漢
民先生、吳忠信先生、許崇智先生
左下：吳忠信先生墨蹟

民國七年八月廿日我軍攻下漳州。九月六日攻下[illegible]汀州後。新的作戰計劃。許軍長汝為進攻沿海泉州、莆田。然後進攻福州。蔣司令介石進攻永泰，挺進福州。余任左翼指揮警戒江西敵人突擊。並一面進攻永安沙縣，挺進延平。忽于十二月上旬奉命停戰。旋與敵議和。因此未及攻下福州延平。此時左翼除第一期作戰佔領上杭武平連城長汀外。此次作戰又佔領清流、寧化、歸化、永安、寧洋、大田、順昌、將樂、泰寧、建寧、（同時閩南民軍首領陳國輝、吳……部來歸）統共十四縣，擬理知事。余左翼作戰勝利，至以為慰。

此為嘉勉此函出于邵元冲同志手筆，經先生親筆簽署者

吳忠信識

吳忠信先生在西藏主持第十四屆達賴喇嘛坐床大典與隨行人員合影

臨大節而不移

吳忠信先生字禮卿，安徽省合肥縣人，生於民前二十八年（一八八四）二月十八日，兩歲喪父，七歲喪母，故自幼便養成獨立奮鬥的性格。他一生獻身革命，效忠　國父孫中山先生及先總統　蔣公介石，對長官、同事、朋友，重然諾，講氣節，篤實踐履，爲人一如其名。當民國三年肄業於　國父與日人宮崎寅藏在東京創辦的政法學校時，即以「守堅」爲號，以示其堅守信仰三民主義及終生不渝之決心，這是受　國父所感召和啓廸的。凡與禮卿先生交往的人，莫不景仰他秉性至剛至正，獻身革命，臨大節而不移，對人對事，大公無私，不斤斤於個人的利害得失；而且生活平淡簡樸，持躬廉潔不苟，待人和藹親切。自民國四十八年十二月十六日逝世迄今，將近二十四年了，大家對他那嚴正堅貞與平易近人的風範，仍有無限的懷念！

我對禮卿先生爲人處世，及其對黨國的豐功偉績，夙所欽敬；而承教機會較多，則是在民國三十七年十二月至其謝世前十年的期間。三十七年十二月，他擔任總統府秘書長，我在中央黨部擔任副秘書長，三十八年一月，中央常會通過我爲中央黨部秘書長，同年四月中央非常委員會成立，他被推爲該委員會委員，正值國家多事之秋，我在南京及廣州等地，時常向他請教。迨民國四十二年七月，他擔任中央紀律委員會主任委員，我擔任中央改造委員會委員兼第三組主任，則更時相過從，受教良多。因此，我對他器識弘毅的胸襟，剛正不阿的氣節，忠黨愛國的情操，更有深一層的認識。雖然他去世已有二十多年，至今仍使我衷心懷慕不已！中央黨史委員會爲紀念這位革命先進，曾於民國七十二年四月在中正紀念堂文物簡報室，舉行「吳忠信先生百年誕辰」口述歷史座談會，我曾應邀發言，因爲限於時間，語焉不詳。現在根據我和他生前來往交談及工作過程中的種種體認，就其參加革命戰鬥、主持省政建設、促進邊疆民族團結，與翊贊中樞黨政大計，分別概述，以表崇敬。

革命武力的中堅份子

禮卿先生於民前六年（清光緒三十二年），由楊卓林（後因刺清兩江總督端方被逮就義）介紹，參加同盟會，時任江南陸軍第九鎭三十五標第三營管帶（即今之營長），因得便就在軍中宣傳革命。民前一年，辛亥武昌之役，他策動清統制徐紹楨反正，對於南京的光復，著有貢獻。民國元年，　國父就任臨時大總統，任命他爲首都南京警察總監，確保地方治安，建立警政規模，厥功亦偉。民國三年，　國父感於二次革命的失敗，乃東渡日本，重整革命陣營，組織中華革命黨，禮卿先生率先加入，旋肄業於前述之政法學校，以充實革命所需的豐富學識。民國四年，國父命陳英士在上海法租界組設革命總機關，禮卿先生與　蔣公同參機務，共患難，此爲他受知於　蔣公之始。

民國六年，　國父在廣東組織軍政府，號召護法，值非常國會舉　國父爲海陸軍大元帥，禮卿先生奉召出任大元帥府參軍，襄贊軍務，此後他有許多機會，實際參與或領兵作戰，成爲革命武力中的中堅份子。

民國七年五月， 蔣公策劃對福建軍閥李厚基採取軍事行動時，禮卿先生隸屬於許崇智部隊參與作戰。上杭爲周永桂所占據，局勢危急，由於他和周是舊交，他以機智和勇敢，也就是「不以力克，而以智取」的謀略，說服周投誠，上杭失而復得，獲致大捷。 國父在滬聞報，特函慰勉，內云：「此次兄助汝爲成此偉績，粵軍之幸，亦本黨之光榮也。……」同年九月，禮卿先生任收復全國第七支隊司令兼汀州綏靖主任，一面警戒江西，一面進圖福州、延平。 國父曾於九月十二日致函勉勵，內云：「福州方面，人心搖動，……民望粵軍，有如時雨，若能早下延平，以紀律節制之師，當彼烏合自擾之衆，眞如揚沸沃雪，驅鷹逐鴽，功名方相待，惟勉之愼之，無使敵人得乘我一間，此固兄之所熟知者」，可見 國父對他的倚重。同年十二月初，適正督攻延平， 國父爲應付革命環境，不得不與北平政府暫作和平協議，下令停戰。十二月十二日 國父復禮卿先生函云：「近日時局，雖和議之聲日熾，而羣邪猶然當道，是非尤未大明……于此期間，勉力訓練部伍，厚植基礎，以爲異日進取之需。粵軍爲吾黨之主力，兄又爲吾黨之健者，幸勉荷艱鉅，堅忍不懈，時事澄清無日，正不患英雄無用武之地也」。可見 國父對當時情勢的看法，是羣邪當道，是非不明，要達成護法目的，必須厚植革命武力基礎。禮卿先生早年畢業於江南預備學校，熟諳軍事，而又作戰有功，所以 國父勉其努力訓練部伍，厚植革命武力。

深受　國父信賴

民國八年至十三年期間，　國父自改組中華革命黨為中國國民黨後，即不斷進行北伐事宜。民國八年，禮卿先生奉命任粵軍第二軍總指揮，駐防漳州，民國九年，粵軍由閩回粵，改任為第七獨立旅旅長，　國父曾於是年十二月致函討論軍事戰略事宜，內云：「吾人所切望者，首在桂林。次則進取武漢，以窺長江，而定中原。」可見　國父籌謀北伐的軍事戰略，已成竹在胸，而禮卿先生當時襄助軍務，實已深獲　國父的信賴與重視，所以才致函與其相商。民國十年五月五日，　國父就任非常大總統，下令討伐桂系軍閥陸榮廷，經由廣西北伐，任命禮卿先生為攻桂林總指揮；廣西底定，　國父出巡廣西，在桂林組設大本營，籌備北伐，禮卿先生被任為衞戍司令，職務更為重要。

民國十一年五月間，　國父派禮卿先生為軍事全權代表，往北方和張作霖、段祺瑞洽商，欲約其南北夾擊，以完成全國統一。此事後因北方情勢有變及陳烱明叛變，而迫使禮卿先生留滬，不得北上，他曾追記說：「民國十一年五月四日，總理孫先生以陸海軍大元帥名義，下令北伐，當時直系曹錕、吳佩孚以新勝之師，氣焰甚熾，而陳烱明暗通曹吳，阻撓北伐，逆跡漸著，孫先生乃派忠信為軍事全權代表，北上聯絡張作霖，並訪段芝老（祺瑞）。旋因北方情勢有變，我只得留滬觀變。……不數日陳烱明公然叛變，孫先生蒙難，此行遂告終止。」此事雖不成，但愈見國父對禮卿先生的倚重。

民國十二年一月間，滇桂軍克復廣州， 國父於二月十五日由滬赴粵，成立大本營。當時北洋的皖奉各系代表齊集上海，擬與革命軍共截擊吳佩孚。禮卿先生爲革命軍的代表，與皖奉系代表會商，並將會談情形報告 國父， 國父復信提示解決國是的辦法，內中有云：「此間刻正併力以除東江餘孽，擬俟粵境肅清後，一方整飭內政，以粵省樹建設的始基；一方出師北伐，以期早日討平國賊。屆時皖奉兩系以及國中各有力分子，如能奮起以與吾黨合作，則尤大局之幸矣。」這封信在「國父全集」中誤記於民國十三年，實則應爲民國十二年，證諸「吳忠信先生紀念集」中所刊載禮卿先生在 國父復信後的題識，再配合當時時事，當可採信。這又可見 國父對他建議的重視。同年本黨（中國國民黨）軍事委員會成立， 國父自任主席，任禮卿先生爲委員。

蔣公對他倚重

民國十五年，國民革命軍總司令 蔣公介石，克復南昌，即電邀禮卿先生赴江西，聘爲總司令部顧問，參贊戎機。民國十六年克復上海，他受任爲江蘇省政府委員，不久調任淞滬警察廳長。上海當時未成立市政府，警廳兼辦市政工作，安定地方，支持作戰，卓有貢獻。同年四月開始清黨，上海爲共黨共幹潛匿之所，禮卿先生擘劃縝密，迅速達成任務。警廳所轄有江灣工廠一所，他感於教育與革命關係的密切，乃與蔡元培、李石曾諸先生就原址籌辦勞働大學，爲國民黨培植勞工人才之始。民國十七年六月，國民革命軍進抵北平，禮卿先生隨同總司令 蔣公赴平致祭 國父。同年十月 蔣公就任國民政府主席，派禮卿先生爲河北各軍編遣會主任，此後，許多機要重任，多交由禮卿先生辦理，他也均能達成任務，可見 蔣公對他的倚重。

歷任三省政府主席

禮卿先生外膺疆寄，曾三任省政府主席。民國二十一年，首任安徽省政府主席，安徽是他的故鄉，地方情形，極爲熟悉。到任後，先協同駐軍肅清匪患，安定社會秩序，並取消苛擾的稅捐，減輕人民的負擔，又大量撙節政府不必要的開支，充實建設與教育所需的經費。然後成立水利工程處，修築省內公路，及由蕪湖至南京公路，以利皖省省內及對外交通，促進建設的發展；同時整頓各級學校，爲地方培育人才。

民國二十四年，貴州省政府主席王家烈去職，廣西主政者爲稅務的問題，欲推人接替，中央以禮卿先生與廣西素有淵源，而黔桂兩省在地理上接近，因任爲貴州省政府主席，協調兩方關係。他到任後，首先整頓吏治，愼選行政督察專員及縣長，並設佐治人員訓練所，以培養基層人才。他特別注意建設及教育，對於協修川黔、桂黔、滇黔等公路，及督導職業學校，致力特多，並設立地質調查所及整理農事試驗場，以謀地方經濟的改善。民國二十五年一月，禮卿先生取道香港赴桂參觀廣西各地各項建設，由白崇禧親自陪同參觀；返貴州後，卽籌設貴陽市，並積極推展貴州省政，似受廣西之行的影響。

民國三十三年，新疆省政府改組，禮卿先生以甫卸任蒙藏委員會委員長，熟悉新疆政情，且爲新疆人民所尊重，奉調任新疆省政府主席。新疆外鄰蘇俄，內有十四種民族，號稱難治。況前主席盛世才主政時期，陰謀暴動，層出不窮，逮捕人犯達二千餘人，民有倒懸之苦。他到任後，卽宣示實踐情理法三字，以建設三民主義的新新疆爲施政準則，先釋放繫獄寃犯，人心大悅，繼以增進宗族互信，保障信教自由，安定地方，維持幣信爲施政重點。三十三年十一月在蘇俄指使下，雖然發生伊寧事變，但其他各區均安然無事。因此，亦爲三十四年秋冬間，副司令長官郭寄嶠將軍奉派赴新疆作軍事上的攻防佈署，及張治中奉派赴新疆與伊寧叛徒談判，奠定基礎。

禮卿先生認爲建設新疆的根本辦法，必須使內地文化與邊疆文化相結合，除督導各級學校切實辦理外，並成立各族語文編譯館，編譯書刊，及編纂新疆通志，以溝通各民族意識而發揚其文化。此外復先後成立新疆省參議會，及焉耆、哈密等七縣參議會，以謀各民族的團結及政治的改進，這都是針對新疆實際情形和需要而實施的各種措施。

主持邊政

禮卿先生於卸任貴州省主席之後，於民國二十五年八月奉調爲蒙藏委員會委員長，主持邊政。我國在西藏原爲主權國，英印侵略西藏，只承認我國爲宗主國。禮卿先生到任後，一面協調蒙藏與中央的關係，一面亟謀中央對藏主權的恢復。二十六年抗戰軍興，蒙藏關係重要，乃以「團結蒙古」、「安定西藏」爲當時的兩大政策。

民國二十七年，新的達賴（第十四輩）靈童，在青海尋獲，中央派禮卿先生赴藏會同西藏攝政熱振呼圖克圖主持達賴喇嘛坐床（就任）大典，確認西藏政教大權的繼承，不僅有助於西藏的安定，且使中央在藏主權獲得恢復。旋又設立蒙藏委員會駐藏辦事處，就近加強與西藏的聯繫。

民國二十八年，伊克昭盟盟長、蒙旗宣慰使、綏遠省境內蒙古地方自治委員會委員長沙克都爾札布（通稱沙王）及中央委員、蒙旗宣化使、內蒙佛教領袖章嘉呼圖克圖先後到渝公幹，禮卿先生熱誠款待，增進情感，至爲融洽。同年蒙古同胞以成吉思汗陵寢在伊盟金霍洛，有遭敵人炸毀之虞，乃呈准中央，將之移至蘭州興隆山，此在安定蒙胞的心理上，關係至鉅。

民國三十年，禮卿先生奉中國國民黨中央黨政考核委員會之命，擔任甘寧青區黨政工作考察團團長，到達蘭州時，先代表最高國防委員會委員長　蔣公致祭成吉思汗陵寢，然後赴各地考察，對於中央政策的推行，及人民疾苦的解除，尤多注意。五屆八中全會通過「關於加強國內各民族及宗教政治之團結，以達成抗戰勝利建國成功目的施政綱要」一案，禮卿先生更就其主管職責，加強推進。

民國三十一年，中央擬修築中印公路，並舉辦由印度經西藏至重慶的驛運，爲西藏地方政府所拒絕，中央與西藏間的情勢頓形緊張，禮卿先生秉承中央決策，竭誠疏導，遂逐漸趨於好轉。

同年委員長　蔣公親往西北各省巡視，命先生隨行，經蘭州、西寧至嘉峪關後，禮卿先生更陪同蔣夫人及朱紹良先生等赴新疆廸化，素與中央睽隔的邊塞要區，從此復歸中央懷抱。

在禮卿先生擔任蒙藏委員會委員長期間，曾兩度懇辭，均奉　蔣公復函慰留，　蔣公復函有云：「規劃邊政，多協機宜，歷建懋功，此後推展，益深倚重，豈可遽言高蹈！」可見　蔣公對他倚畀之殷。

翊贊中樞黨政大計

民國二十四年，中國國民黨第五次全國代表大會，推選禮卿先生爲中央執行委員，三十三年連任第六屆中央執行委員。三十八年中央非常委員會成立，被推爲委員之一，三十九年中央改造委員會成立，奉聘爲評議委員，四十一年改造完成，第七次全國代表大會復聘爲評議委員，並任中央紀律委員會委員，四十二年繼任主任委員，四十六年第八次全國代表大會舉行後，仍爲評議委員及紀律委員會委員，參與執政黨中央的決策。

在政府方面：民國十七年奉派爲建設委員會委員，二十年奉派爲導淮委員會委員兼常務委員，旋監察院成立，被任爲監察委員，三十五年任蒙藏委員會委員長，三十六年任國民政府委員，三十七年　蔣公當選爲行憲後第一任總統，五月就職，奉聘爲資政，十二月任命爲總統府秘書長，三十八年一月二十日總統　蔣公引退，由副總統李宗仁代行總統職權，禮卿先生雖與廣西向有關係，亦堅決辭去秘書長職務，只允仍任資政，當時李宗仁欲即稱爲總統，禮卿先生與張岳軍先生堅持必須正名，依照憲法，只是代行總統職權，必須加一「代」字，於是稱之爲李代總統，此與後來政局的演變，關係至鉅。禮卿先生當時身負重任，他對黨政的聯繫，對 蔣公與代總統李宗仁意見的溝通，以及對局勢的穩定，都有重大的貢獻。四十三年 蔣公連任第二任總統，仍聘禮卿先生爲總統府資政，繼續參與中樞大計。

先總統 蔣公於民國三十八年一月二十一日宣佈引退，至三十九年三月一日，在臺北復行視事。在此期間，局勢變幻，動盪不安，禮卿先生參與國家大計，辛勞備至，獻替尤多。三十八年一月二十四日中央常會通過我爲中央黨部秘書長，就職後奉召陪同張岳軍先生赴奉化晉謁總裁蔣公，三月三日禮卿先生至奉化小住一週，三月十日赴杭州轉南京。四月一日李宗仁派和談代表團張治中等赴北平，同月八月共酋毛澤東對張治中等發表談話：「和平協定簽字時，必須何應欽、于右任、居正、童冠賢及吳忠信到北平參加」。四月二十日禮卿先生與岳軍先生至奉化溪口報告總裁 蔣公，呈述在南京商談情形及結果，並提及李宗仁仍暗示希望總裁出國，總裁不爲所動，乃有二十二日在杭州的會談，總裁 蔣公、李宗仁、及何應欽、張羣、吳忠信諸先生均參加，決定拒絕共黨所提和平條件。七月十四日總裁應李宗仁、閻錫山先生的邀請，飛抵廣州，十九日總裁特約禮卿先生長談，可見禮卿先生當時關係的重要。十月九日禮卿先生自廣州抵臺北，向總裁報告在廣州與李宗仁談話經過，並謂李宗仁希望總統 蔣公復職，然後赴成都，此時局勢嚴重，我奉命與禮卿先生自成都飛臺北，請總裁至成都主持大計。總裁接受中央各同志的敦請，飛至成都，禮卿先生與我同行，抵達時，奉命由我向中央社發表談話。

風塵僕僕協調各方

民國三十九年三月一日，總統　蔣公順應國民大會代表及全國同胞的懇切請求，在中華民國中央政府所在地臺北復行視事，國家領導有人，人心大定。綜觀總統　蔣公引退期間，禮卿先生東奔西走，風塵僕僕，協調各方，任務重大，對黨國忠誠，而處事正直，待人懇切，都是我親自感受的，所謂「疾風知勁草，板蕩識忠臣」，正是對禮卿先生的寫照。以上所述，是我當時於公務匆忙中所作的筆記，雖甚簡略，但對禮卿先生的立身行事，不難窺其端倪。至於他對我的指導協助，更可說是無微不至，使我勉盡職責，不致有辱使命，這種風義令我銘記在心，永難忘懷。

（民國七十二年十月二十九日）

風格清標　持躬方正

李文範

上：李文範先生於民國三十九年陪同　蔣公遊阿里山與蔣經國先生、馬超俊先生合影

下：李文範先生（左）與居正先生（中）、鄒魯先生（右）合影

風格清標　持躬方正

李文範先生，號君佩，廣東南海縣人，是我崇敬的一位風格清標、樸實無華、持躬方正、公忠體國、一生參加革命、默默工作的黨國元勳。他於民國前二十八年九月初二日在廣州出生，到今年恰好滿足百歲；而於民國四十二年六月二十三日在臺北逝世，和我們人天永隔，也已整整三十年了。

君佩先生出生於書香門第，父仁甫是一位進士，他的六兄曾任海軍督察廳長，九弟在法國行醫，他是廣東著名陳李濟藥行的嫡系第七代孫。他的廣州大塘街故居，非常寬廣，八面過，四進深，前後左右都有大門，出入方便，因此革命黨人的秘密集會地點，多在他的寓所。以一個世家子弟，早年參加同盟會，而且始終盡力支持革命，實是難能可貴。

我和君佩先生的令侄慶棨兄，是國立廣東高等師範學校同科、同班、同宿舍的同學，與李家來往密切，因此在五十年前，即已有機會親炙君佩先生。君佩先生除了在民前八年自費赴日本留學外，還於民國九年赴法國進修。我雖曾留學法國，可是遲他六年，未曾在法謀面。後來我回國之後，直到大家在中央黨部服務，才有更多機會向他請益。

在先總統　蔣公引退期間，我奉命擔任中央黨部秘書長，總裁曾指示我：遇有公務上重要或困難的事情，可向君佩先生請教。三十九年本黨改造委員會成立，君佩先生任紀律委員會首任主任委員，我擔任改造委員兼第三組主任，又同住在臺北浦城街附近，因此和君佩先生常有接觸。他眞是一位誠摯的長者，對我請教的事，知無不言，言無不盡。今當君佩先生百歲的冥誕，回憶前塵往事，好像他仍活在人間，不禁令我對他老人家湧起無限的懷念和景仰！

學識深邃　惜墨如金

君佩先生學識深邃，擅長詩文，可是惜墨如金，很少撰文發表，因此大家對他的生平，未盡了解。他自民前七年加入同盟會，追隨　國父參加革命，在黨務工作方面：從被推舉爲廣東同盟會會長、廣州市黨務指導員、中央執行委員會宣傳委員會主任委員，以至被選爲中央執行委員、中央常務委員、中央評議委員，紀律委員會主任委員；在從政方面：自擔任廣東省政務廳長、民政廳長，以至立法委員兼秘書長、內政部長、司法院副院長、國民政府委員、國防最高委員會委員及總統府資政等職，均有重要的貢獻。尤其是三十八年春，大陸局勢逆轉，中央黨部遷穗，君佩先生在　總理紀念週演講，謂「每遇國家大難之際，從總理遺教中，多啓示吾人見危受命之箴言寶藏，吾人固不憂黨國艱難無辦法也。」講詞剴切，聽者動容，對安定人心，鼓勵士氣，確發生極大作用。政府播遷來臺，君佩先生任總統府資政時，忠鯁直言，多所獻替，曾與其他中央委員，共同建議先總統　蔣公復職，三十九年三月，先總統復行視事，領導中心賴以鞏固。

聰穎內蘊　洞燭機先

現在更就過去與君佩先生交往懇談中所耳聆心領的幾件事，參證黨國先進的有關文獻，就其立身行事關係黨的力量消長及黨政措施成敗者，擇要敍述，藉以認知君佩先生聰穎內蘊、洞燭機先、一言中的、扭轉局勢、謹守矩矱、崇法務實的風格及長才。

民國前八年（一九〇四）冬，君佩先生赴日本自費留學，在東京法政學堂研究法政，同行者有胡漢民、朱執信、汪精衞、古應芬、陳融、張伯翹等數十人，可說是當年的青年才俊。君佩先生與胡、朱、古等交往密切，常爲學問道義的切磋，此爲君佩先生以後參加革命的開始，時年不過二十歲。

當年的青年才俊

國父於民前七年（一九〇五）六月二十八日在東京赤阪區檜町三番黑龍會（日人內田良平住宅），召開同盟會籌備會議，出席各省留學生七十餘人，其中廣東籍者十五人，君佩先生與馮自由、朱執信、汪精衞、古應芬、胡毅生等均參加。同年八月二十日成立同盟會，君佩先生亦入盟，且掌理盟籍及文牘事宜，時年僅二十一歲。

當時保皇黨言論瀰漫日本，中國留學界間有發表反對保皇的言論，梁啓超等初不以爲意。及民報出版，梁啓超始爲文肆力攻擊，且造謠詆毀　國父，批評民生主義乃爲乞丐流氓下流社會計，破壞中國的秩序。君佩先生與胡漢民、朱執信等，則解釋民生主義非無病而呻吟，斥梁啓超拜金慕勢，動言士大夫，而不知有平民之可笑，博得留學界的同情。

民國前七年十一月十二日，留日學生反對日政府頒佈的「關於許清國人入學之公私立學校之規程」，當時留日學生認爲此項規程的頒佈，目的不外干涉其行動，乃簡稱爲「取締規則」，當然不利於留學生參加革命的活動，致使陳天華憤而投海自殺，因陳爲同盟會的中堅份子，其投海事件，對於同盟會員自亦發生重大的影響。會員中對此事件，意見分歧，宋教仁、胡瑛等主張全體退學歸國，君佩先生與胡漢民、朱執信等，則以爲「取締規則」乃日政府敷衍清公使館的措施，縱然出於惡毒的動機，自可運動予以打消，退學歸國實爲下策；且民報發行未久，若一鬨歸國，無異根本動搖，使仇者快意，力加反對，因此留學生本黨同志仍多留日從事革命工作。此一主張，關係本黨在日革命力量的消長，至深且鉅，則彰彰明甚。學成後，君佩先生乃返粵任廣東法政學堂教員，宣傳三民主義，吸收革命黨員，不遺餘力。

策劃革命戰役

民前五年（一九〇七），君佩先生被舉爲廣東同盟會會長後，與朱執信等圖謀革命，庚戌及三二九諸役，均參預其事，共同策劃進行。辛亥年（一九一一）三月二十九日之役不幸失敗，朱執信受傷，往廣州雙門底泰泉舊里一號林雲陔家暫避，稍歇後因林宅藏械頗多，爲安全計，由林雲陔陪同轉赴王家巷林兄林伯虎宅休息，次（三月三十）日改裝，在髮辮的掩護下，從容的往大塘街君佩先生住宅。他認爲清兵的搜查一天緊過一天，如果要出城，自然愈快愈好。因此，朱執信在李家略作停留，便決定離去。臨走時，君佩先生先打發人到城門打聽清楚，然後由林氏兄弟護送出城。朱執信爲本黨的健者，能以脫險赴港，君佩先生應變有方，與有力焉。

扭轉局勢

民前一年（一九一一）十月，武昌起義成功，　國父從美赴歐部署外交工作，順應民意及同志的邀請，於十一月歸國抵達香港。胡漢民與朱執信、廖仲愷、陳炯明等在廣州曾經會商，決定建議　國父留粵。理由是：袁世凱居心叵測，不如留粵整軍，始能以實力廓清北洋殘餘的勢力，眞正達成南北統一之局，胡等在港歡迎　國父時，即陳請　國父先行赴粵，　國父則主張赴滬寧，理由是：「以形勢論，滬寧在前方，不以身當其衝，而退居粵中，以修戰備，此爲避難就易，四方同志正引領屬望，至此其謂我何？我恃人心，敵持兵力，何故不善用我所長，而用我所短？……謂袁世凱不可信，誠然；但我因而利用之，使推翻二百六十餘年貴族專制之滿洲，則賢於用兵十萬。縱其欲繼滿洲以爲惡，而其基礎已遠不如，覆之自易，故今日可先成一圓滿之段落。我若不至滬寧，則此一切對內對外大計，決非他人所能任，子（按指胡漢民）宜從我而行。」

（以上摘錄胡漢民先生自傳） 國父持之甚堅，胡漢民亦覺所見不如 國父之遠大，乃服從 國父主張，立爲書分致陳炯明、朱執信、胡毅生諸人，使陳炯明代理廣東都督事，並以命令飭各軍服從陳炯明，使廖仲愷返廣州，與諸人部署一切，胡漢民則與 國父一同北上。

韜略不凡

廖仲愷至廣州，朱執信、胡毅生等羣譙讓廖仲愷，爲何推翻前議？廖仲愷說：「當爭辯時，不能贊一詞，及決定如此，惟有奉命而返。」朱執信、胡毅生說：「那麼我們當一起同往了。」君佩先生（按當時任廣東都督府秘書）說：「如此是置競存（按指陳炯明）於孤立、而拋棄粵局，非先生（按指國父）之本意。競存方治新軍，須民軍服從不抗，然後防營與濟（龍濟光）軍不生問題。毅生、執信實握過半數之民軍，此時舉足輕重，尤不可輕言引去。」（引述同上書）大家聽了君佩先生這一番剖陳利害的話，衆議始定，朱執信、胡毅生仍留粵。陳炯明始勉強接任代理廣東都督。我們從這一段史實，自然欽佩 國父胸懷坦蕩磊落，目光高瞻遠矚，一切爲國爲民；同時也顯示了君佩先生韜略不凡，一言中的，扭轉局勢，鞏固了廣東的革命策源地。

揭發共黨陰謀

民國十四年（一九二五）九月二十二日君佩先生隨同胡漢民自黃浦搭俄船蒙古號啓程赴俄，

隨行人員尚有秘書朱和中、副官杜成志及胡先生女公子木蘭等四人。他們抵莫斯科後，第三國際宣傳部有拉非士其人，來向胡氏進行「說教」工作，謂受第三國際命令，將於每星期四晚八時，來與胡氏討論問題，首先提出修改中國國民黨黨綱問題，胡先生爲之愕然。據朱和中追述云：「吾輩三人（按包括胡漢民及君佩先生在內）自是晚（按指第三次星期四晚）而後，均極感不快，……李君文範爲檢出共產黨對各國革命決議案以證之（意謂共產黨立意破壞中國革命，可以其對我國革命之決議案爲證）。自是而後，吾輩皆有戒心，而修改黨綱之議，彼等亦不復議矣。」（見胡漢民先生年譜）由此一事，可見君佩先生心思細密，觀察入微，洞燭機先，對共產黨的陰謀，瞭如指掌。

襄贊創制立法

民國十七年十月國民政府改組，十二月立法院成立，胡漢民就任第一任院長。許多重要的法典，如民法、刑法、土地法、公司法、票據法、海商法、保險法、民事訴訟法、刑事訴訟法、地方自治法及工會法、農會法、漁會法、工廠法、礦業法、勞動法等，都是這時期完成，使我國法制燦然大備。而每一立法，都將三民主義的理論和精神，融會貫通於法典之中，使我國走上民主法治的坦途。

君佩先生於民國十七年十月被任爲立法委員，於胡漢民就任立法院院長後，兼任秘書長，達五年之久。在此時期，協助院長運籌策劃，聯繫立法委員與有關機關及專家學者，默默的工作，眞是辛勞備至。胡先生爲國民政府成立以來創制我國法律的元勳，奠立了法治的基礎，對我國憲政的貢獻，自是永垂不朽，而君佩先生的辛勤襄助，實亦功不可沒。

崇法務實疾惡如仇

君佩先生襄贊胡院長，固已做到崇法務實的境界，而於本黨改造首任紀律委員會主任委員時期，亦以崇法務實爲主持會務的準繩。君佩先生重實務，不尙虛文，當時紀律委員會工作同志，有建議若干法規須修訂或新頒，君佩先生認爲盡量少立法規，許多事務只要依例辦理，切實做去，卽可獲致績效。他於到職後，因制度變更，原有的「黨員違反黨紀處分規程」不能適用，只得於紀委會首次會議時，推定委員謝冠生（時任司法院院長）起草新規程，以資適應。君佩先生循分務實，執簡馭繁的作風，值得效法。

前面已提到君佩先生很少寫文章，正式演講也不多。現留存紀委會者有兩稿：一爲「黨員歸隊的重要性」，係應黨宣傳單位之請所寫，刊登於中央日報；一爲舉辦黨員整肅會議的講稿，在會議中所講。前者指出黨員歸隊的意義，一方面是使脫離了組織的黨員，重歸於組織，一方面也是重整黨的紀律。後者說明原有黨員整肅的意義，是「去腐生新」，內云：「整肅的標準……重要的如叛國通敵、跨黨變節、毀紀反黨的；貪汚瀆職、生活腐化劣蹟顯著的，放棄職守不負責任、信仰動搖工作廢弛的；作不正當經營以取暴利的。……爲着健全革命的陣營，儘管腐惡的僅是極少數人，也應該以壯士斷腕的態度，實行愼重的整肅，團結忠貞的力量，凝成一個絕無瑕疵的堅強的力量。」現在讀起來，仍然是錚錚有聲，不啻暮鼓晨鐘，足以振聾啓聵，發奸擿伏。這兩大工作的執行，實爲重要，所以君佩先生對黨的改造，的確是有貢獻的。

塡詞屬對情真意摯

此外值得一提的：君佩先生古文學造詣甚深，偶有寫作，輒引經據典，廣蒐遠紹，尤擅長塡詞屬對。塡詞僅留存二首：一爲「臺灣是民主之燈塔」（調寄霜天曉月），詞爲：「波濤橫直，莫辨天南北。海上燈光一點，照遠近，知潮汐。自由人自覓，奮起鯤鵬翼，若不甘爲奴隸，自由路，必獲得。」此係應辛卯詩人節作，情景與詞句並茂，而寓意則尤爲深遠。二爲「辛卯詩人節懷沈斯庵」（調寄風入松），詞爲：「佳興與人同，節恰天中。追懷屈子浮沉處，湘雲暗楚水淙淙。經雨榴花紅困，向陽菰葉青葱。天風吹起怒濤東，人憶武巒峯。桐花芳草當年賦，至今留一代文宗，瀛嶠輿圖幾軸，海門煙水千重。」此雖係懷念先賢之作，而故國之思，山河之戀，則溢於言表。

君佩先生遇有親友同志婚喪大典，常自擬聯稿，以表哀悼或慶賀。現僅留存四則：一爲輓傅斯年：「爭人類自由，中外同欽，立言不朽；求文化進步，始終如一，歷久彌堅。」二爲輓振漢

（姓氏不詳）：「耿耿精忠，痛念一代耆英，吞聲解骨；茫茫墋黷，自有千秋史乘，激濁揚清。」

三爲輓李福林：「觀馭衆並統兵，奇正相生，戰功卓著；自同盟而革命，始終一貫，主義是從。」

四爲賀某同志（上款未署名）結婚：「好協金蘭，情愉情瑟，軒樹萱草，庭植合歡。」並在原稿附註：「古詩：且協金蘭好，方愉琴瑟情；晉人伉儷詩：臨軒樹萱草，中庭植合歡。」可見君佩先生亦性情中人，饒有情趣。

本年十月十五日中央黨史委員會在中正紀念堂，舉行君佩先生百歲紀念口述歷史座談會，我應邀參加，因時間倉促，未盡欲言，今撰寫此文，藉以表達對這一位革命元勳的崇敬和永思！

（民國七十二年十二月）

甘於寂寞的幕後英雄

朱執信

上：朱執信先生（前排左二）於民國七年護法時期與國父（前排右五）、胡漢民先生（前排右四）等合影

下：朱執信先生爲林直勉先生親書對聯

砥節厲行直道正辭

畏榮好古薄身厚志

先烈爲林直勉所書對聯。

朱執信先生（後排左二）於民前八年與羣智社同仁合影

朱執信先生（前左）與廖仲愷先生（前右）邵元冲先生（後右）合影

革命中的聖人

朱執信先生自民前七年（西元一九〇五年）參加同盟會，追隨　國父，獻身革命，至民國九年虎門遇難，殉國成仁，他所表現的既是一位學識豐富，文思敏捷，下筆千言的革命理論家；又是一位運籌帷幄，衝鋒陷陣，奮不顧身的革命實行者。他那聰明睿智，器識宏毅，犧牲奉獻，正氣浩然，兼具智、仁、勇的德性和才華，在黨國的先烈先賢中，的確是一位令人景仰的「完人」。

執信先生於六十四年前的九月二十一日，以三十六歲的英年，就爲民國奉獻了生命。當時，總理正在上海，手持噩耗電報，非常傷心，悲悼哀嘆的說：「執信是革命中的聖人！」從　總理這一句話，就可見執信先生在革命行列中，其人格之崇高純正。民國十四年三月十二日，　國父逝世，先總統　蔣公在前線公祭，其祭文有曰：「英士既死，吾師期我以繼英士之事業，執信踵亡，吾師並以執信之責歸諸中正。」這更可見　國父和先總統　蔣公對執信先生作事爲人的不尋常評價。

在黨國先進中，如胡漢民先生，在他的文集裏，有「朱執信殉國紀念」的一篇文章，胡先生說：「朱先生之爲人，誠義、忠厚、和平、勤學、好問，又有過人聰明，一往直前，勇氣過人，尤能以德服人。」又在「朱執信別記」一文中說：「綜執信之平生，幾可以治學與革命二事概之。而革命奔走之時，仍不廢其治學。……執信之治學也，用力專而致思銳，故能以短時獲奇效。……執信性淡泊，於物慾殆無所染。」

一位純潔的「真人」

戴季陶先生在「懷朱執信先生」一文中說：「中國人最缺少的是崇高的氣象，你的崇高氣象，却眞可比得喜馬拉雅山的最高峯。中國近代的人在『爲公衆』名義下活動的人，最缺少的純潔，你的純潔，眞可比得峨嵋山下平羌峽裏流着那碧澄澄的水。我認識的人很少的，我曉得的人也很少的；可是在我所認識所曉得的裏面，我只認識你是第一個崇高純潔而又能不斷努力的『眞人』。」又說：「我對於執信，我覺得他的崇高純潔，在近代人中，實在沒有見第二個。我雖然不願用古典文學，可是『先生之風，山高水長』這兩句話，的確可以用來讚他了。」

鄒海濱先生在「朱執信傳」一文中說：「執信不但有不可磨滅的革命事功，而且具有完全的革命人格，是很值得做後死同志的模範的。……執信一生做事，只知道埋頭苦幹，沒有半點權利思想，好幾次革命大役中，都是他做的主幹，但他完全不露一點聲息。胡漢民曾批評他說：『先生做事，與衆不同，不居名，不居功，暗中做着一個很大的運動的中心人物』，這是一點沒有錯的。」

胡、戴、鄒三位先生對執信先生讚揚的話，眞可以代表我們後輩的心聲，在紀念朱執信先生百歲冥壽的時候，我們追述這位「知行合一」而又至高、至潔、至誠的革命聖人，不禁湧起無限的敬佩！無限的懷念！

心靈溝通的機緣

我對執信先生有「仰之彌高，鑽之彌堅」之感，雖未能親承執信先生的敎誨，但我與執信先生亦間接有些心靈溝通的機緣。因爲我的啓蒙敎育是在鄰鄉（我母親的家鄉）北滘鄉立高等小學，這所學校是執信先生極親密的同志、革命先進周蘇羣（之貞）先生所創辦的。校長是周可大（仲爵）先生，也是一位革命先賢，校址就在周氏大宗祠，學校的匾額是創辦人的好友同志胡漢民先生所親題。因爲這種機緣，我便知道些創辦人周蘇羣先生和執信先生的革命事蹟。

另外還有一些機緣，那就是李君佩（文範）先生的姪子李慶榮同學曾介紹我在暑假的時候，擔任執信先生的女兒朱薇的家庭敎師。我的內子倫蘊珊也曾經李慶榮同學的介紹，在爲紀念執信先生而創辦的執信學校當敎員，該校校長就是執信先生的夫人楊道儀女士。因此，我和內子也了解些執信先生的家世及其生平的片段。

民國二十一年，我在日內瓦國際聯盟服務時，周蘇羣先生和李應生先生到歐洲旅行，他們爲欣賞瑞士的風光，在日內瓦住了好幾天，我天天陪他們遊覽，乃有機會聆聽蘇羣先生講述一些執信先生致力革命的往事。

李君佩先生和執信先生交誼甚篤，執信先生在留學日本法政大學的同學中，與胡漢民、李君佩諸先生最爲相契。一九〇五年中國革命同盟會在東京召開籌備會，執信先生與李君佩諸先生均出席革命史上的第一次盛會。一九〇五年執信先生從日本回廣州，執教於廣東法政學堂，李君佩先生也是該校的教員。一九〇六年執信先生和李君佩先生等，吸引廣東陸軍速成學堂及虎門講武堂畢業的基層官佐參加革命。一九一一年「三二九」之役，執信先生奮戰受傷，先避入林雲陔先生家，後轉往李君佩先生處，再出城赴港。一九一一年廣東光復後，成立廣東軍政府，執信先生任總參議，李君佩先生任職樞密處。因爲李君佩先生是我時常親炙的革命先進，在他罹病療養期間，我也有時陪侍左右，時常聽到他詳述執信先生的爲人、治學，爲革命犧牲奮鬥，尤其是「三二九」之役的經過。

新智識的追求者

執信先生，原名大符，民國紀元前二十七年（西元一八八五年）農曆九月五日生於廣東番禺縣，今年國曆九月二十九日是他的百歲冥壽。他的父親棣圪公（名啓運）習刑名之學，對於桐城派的古文造詣極深，是嶺南近代古文家。他的母親汪太夫人，是同邑名儒汪穀庵先生之女，家學淵源，能詩、能詞、能文，與棣圪公有唱隨之樂。執信先生在這樣的家庭環境中，可說得天獨厚。

他自幼即熟讀經史，棣圮公曾一度禮聘當時的碩儒章奏篪先生作他的家庭教師，章先生後以執信先生「天資穎異，凡經書疑義，吾所能解者，彼亦能解；彼所不解而以相質者，吾亦須考據研治，始能答之。然日日爲之，勞乃無極。彼之學力，已能自修，故不如聽其自修」而請辭教席。執信先生六歲時，他隨從舅汪仲器先生學習數學、三角、幾何、微積分各部門，無不精通，乃轉而研究我國古代的曆算，其造詣竟集中西數學的大成。數學的涵養，對他一生的治學和事業有很大的助益，他的思想有系統、言論有條理、做事有步驟，殆得力於此。其後進入一間中西參半的「教忠學堂」就讀，這間學堂後因風潮停辦，他便只有一方面自修，一方面延請姚禮修先生教日語，以追求更新的知識。

這期間，執信先生還聯合一班志同道合的人士，如他的日文教師姚禮修，他的四舅汪兆銘、好友古應芬、杜之秋等十餘人，共同組織「羣智社」，以「共同研討新學，集資購閱新學書報，以講求西學爲主旨」。

從思想上謀改革

一九〇四年二月，北京的京師大學堂開辦預科，七月舉行入學考試，執信先生以高第入選；同年夏天，兩廣總督府舉辦官費留日法政科考試，在應考的二百餘人中，錄取四十一人，執信先生又高中第一名，他在兩者之間，選擇了後者，留日以追求新知。當時，他僅僅是二十歲。

一九〇六年六月，執信先生畢業於東京私立法政大學，在同期畢業的二四三名同學中，名列甲等前五名。他勤奮好學，且具有日新又新的精神。一九一九年七月七日，他致書總裁　蔣公說：「弟現在觀察中國情形，以爲非從思想上謀改革不可，故決心此後將以全力從事於思想上之革新。」執信先生之所以後來是一位新智識的熱烈追求者，及主編「建設雜誌」連續發表富有創意的文章，都是本着這種見地而努力的。

同年，執信先生在上海約同廖仲愷先生共同學習俄文，因爲他的天分高，故「治俄文數星期，卽能提筆作俄文短牘。」執信先生學養高深，寫文章極快，胡漢民曾說：「先生讀書之量甚多，做起文章來極快，精神一集中，千萬言一揮而就，曾在上海環龍路四十四號隔壁租過一所小房子，夫人而外，還有三、四個小孩合居一樓一廳。先生做文章時，常常有一個孩子牽着手，一個孩子抱着脚，一個孩子坐在膝上，案上書籍亂疊，先生在亂書叢中，孩子隊中，看書、思想、作文，又快又認眞，從來沒有一文一字的草率，寫字筆筆透到紙背，那種精神眞非常人可及。」

許多人常說：我們的革命前輩坐在桌旁能寫，站在臺上能講，跑到街上能鬥。我們的黨員守則有「學問爲濟世之本」這一條，執信先生在這幾方面都堪爲我們的楷模。

求學與辦事

執信先生兼治明儒王船山之學，深具民族大義。他留日期間，正是我國留學生大量東渡之時。國父也適於此時自歐洲到日本，集結在日各革命團體及革命志士，成立同盟會。執信先生經胡毅生先生的介紹，和李文範、古應芬諸先生同時加盟。此後十數年間，他獻身革命大業，名垂青史。

同盟會於一九〇五年八月二十日正式成立，並於十一月二十六日正式創刊「民報」，總理在發刊辭中，提出三民主義的革命理想。執信先生在「民報」中以「蟄伸」、「縣解」等筆名，發表了「論滿洲雖欲立憲而不能」、「駁法律新聞之論清廷立憲」、「就論理學駁新民叢報論革命之謬」、「土地國有與財政」等重要文章；及後，執信先生復在「中國日報」、「民國雜誌」等報刊撰稿並陸續撰寫專書，但最重要的乃是主編「建設雜誌」這一時期所發表之文章。

執信先生的著述甚多，以我粗淺的研究，最能表達他的人生觀和政治觀的，要算「求學與辦事」、「羣衆運動與促進者」、「論社會革命當與政治革命並行」、「我們要一種什麼樣的憲法」和「國會之非代表性及其救濟方法」這五篇文章。

在「求學與辦事」一文，執信先生提出中國社會之所以有「辦事不求學」與「只求學而不辦事」的兩種人，主要原因有二：一、社會變遷太快，形成很多沒有學問的辦事人；二、沒學問的辦事人太多，把有學問的人逐出辦事的圈子外。執信先生主張求學與辦事應齊頭並進，以辦事經驗增益求學效果，而以求學效果加強辦事能力，他舉革命黨中吳稚暉先生爲既辦事又求學的範例。這一文足以代表執信先生的人生觀。

甘於寂寞的幕後英雄

在「羣衆運動與促進者」一文，執信先生認爲「羣衆運動要成熟，必須靠多數人的意志力，然此意志力之形成，其最大力量，則在一部分既不做代表，不做發啓人，而肯在背後默默然的提挈，鼓勵羣衆心理的人。」很明顯的，執信先生主張羣衆運動的促進者必須是能提綱挈領、甘於寂寞的幕後英雄。

在「論社會革命當與政治革命並行」一文，執信先生首先指出社會革命的原因，是起於「社會經濟組織之不健全」，意謂這種革命是針對放任競爭，絕對承認私有財產制度所產生的流弊而掀起的一種改革。社會上之所以產生貧富懸殊的現象，執信先生觀察實際上的原因，是社會經濟組織不健全的結果。如以中國尚未出現歐美那樣大富大貧懸殊的社會，而據以爲中國無需社會革命，那是不正確的。「當其未大不平時，行社會革命，使其不平不得起，斯其功易舉也。」執信先生認爲社會革命固使大多數人得到富利，但必以「至秩序至合理之方法，使富之集積休止；集積既休止矣，則其已聚積者不能一聚不散，散則近乎均矣。」在中國貧富尚不懸殊的時候，必尤易於推行。

國父於民前七年（西元一九〇五年）民報第一號發刊詞中，即提出「舉政治革命、社會革命畢其功於一役」的主張，執信先生繼於民報第五號發表「論社會革命當與政治革命並行」的文章，所以鄒海濱先生說：「當中國同盟會在東京初成立時，國父舉民族、民權、民生三主義做爲革命的宗旨。民生主義的標出，不特黨外人感到驚奇，就是黨內同志也有表示異議者。他（按指執信先生）獨能認識 國父的深切用意，極力擁護，並且根據自己淵博的學識，發揚而光大之，……發揮民生主義的道理，和中國可能同時並行政治革命（卽民族、民權兩主義）與社會革命（卽民生主義）的理由，原原本本，非常客觀，非常透切，解除了許多人之疑惑，其贊翼主義之處實多。」確是的論。在 國父初揭民生主義，黨內外都還疑惑之時，執信先生這一篇「論社會革命當與政治革命並行」的文章，闡揚 國父「畢其功於一役」的主張，眞是有前瞻性而極卓越的見解。

對民權的看法

在「我們要一種什麼樣的憲法」一文，執信先生認爲一部好的憲法，應該把人民的威力表現出來，否則，永遠不能夠成爲實用的憲法。他重視民意，主張讓人民直接參與政治。人民不只有選舉權，也要有罷官權、創制權、複決權。

在「國會之非代表性及其救濟」一文，執信先生分別就國會非代表性之暴露、國會主權論與民治、行政首長之拒否權（Veto）、法官之廢棄權（Nullification）、行政首長之解散權、前三項救濟方法（按指拒否權、廢棄權及解散權）之批評及根本之救濟方法——直接民權等加以論述，其主旨在詳細析述西方國家代議制中之國會，不能代表民意，選舉制度上亦有其弊病，議會中之決議，每與人民多數竟見相左，人民所欲建議的事項，也未必列入議程，他認為這是大家共知的事實。同時，他指出：現代國家對於國會之非代表性，已從他方面採取自爲限制之措施，以減少國會違反民意的危險，如施行「直接民權」及採取複決權等，當爲最有效的救濟方法。執信先生更強調說：「根本的救濟，現在可得想像之最良救濟方法也，卽所謂直接民權者也。如使有人民所欲提出制定之法，國會不提出或否決之，則爲不代表人民意思矣。於是立一制度，使人民得法定之提案人數以後，可將其法案提出，付選民票決其採否，旣得採用，卽成法律，是所謂創制權也。如使有人民所不欲立之法，而國會強立之，斯其不爲代表與前同耳，則立一制度，使重要之法案，以法律規定爲當付國民重行投票，普通法案，遇有相當人數要求，亦付選民重行投票表決，必待選民多數贊同，始爲有效，是所謂複決權也。國會組織分子中，有溺職者，得由國民投票免其職，而另選，卽一部分之解散也，是所謂罷官權。此三種制度，在歐美已有相當之經驗，以之救濟國會專橫，固勝於其他枝枝節節之辦法矣。」

國父講演民權主義，在第六講中說：「在人民一方面……是要有四個權。這四個權是選舉權、罷免權、創制權、複決權。」「人民有了這四個權，才算是充分的民權。能夠實行這四個權，才算是徹底的直接民權。從前沒有充分民權的時候，人民選舉了官吏議員之後，便不能夠再問。這種民權是間接民權。間接民權就是代議政體，用代議士去管理政府，人民不能直接去管理政府，便要人民能夠實行這四個民權。人民能夠實行這四個民權，叫做全民政治。」執信先生當時亦持有此種論點，並在「建設雜誌」大力闡發直接民權，以及後來發表「創制權、複決權、罷官權之作用」及「瑞士之直接民權」，做為實行全民政治之參考，實極難能可貴。

從上面引述執信先生這些文章，可以看出他一言一行，終身都是為國家、為人民、為自由、為民主貢獻其心力。所以後來，直到民國九年九月二十一日執信先生在虎門要塞砲臺遇難，壯烈成仁，每次革命，都有先生直接或間接的參與。

「建設社」的主腦人物

民國八年，國父命朱執信、胡漢民、戴季陶、廖仲愷、汪兆銘等，組織「建設社」，執信先生是其中的主腦人物，當時 國父倡導革命，不僅着眼於政治的改革，亦注重思想的革新，他對改造民國有一套完整的構想，認為「革命是有一種建設的計劃，然後去做破壞的事，革命的意思與改革的意思完全一樣。」（見 國父全集載民國八年十月八日演講「改革中國的第一步」）雜誌之所以定名為「建設」，是 總理認為「建設是革命的唯一目的，如果存心不在建設，就不必有破壞，更不必說革命了，建設二字是能充分包括破壞的意義的。」（見胡漢民先生「革命理論與革命工作」第三册）國父在「建設雜誌」刊行時，又發表「實業計劃」，為新中國的建設，提供了一套完美的藍圖。此時執信先生就不斷的在雜誌闡述 國父「破壞」與「建設」並重的理論眞義。

發刊「建設雜誌」的宗旨，在發刊詞中說得非常明晰，這就是「以鼓吹建設之思潮，展明建設之原理，冀廣爲吾黨建設之主義成爲國民之常識，使人人知道建設爲今日之需要，使人人知建設爲易行之事務，由是萬衆一心以赴之，而建設一世界最富強最快樂之國家，爲民所有，爲民所治，爲民所享。」在執信先生主編下的「建設雜誌」是要堅持原則，維持一定的水準，講有益社會、改變思想、創造時代的原動力所不可或缺的話，他除了不斷的闡述 國父昭示「建設」的理論眞義之外，並說明「建設」的內容不只登載討論時局的文字，而且討論時局所以有今日之緣故，並論及如何把這不滿意的時局，變成滿意的將來時局之方法」（見「建設」第二期覆居正先生函），因此討論國家建設大計的文章，所佔篇幅也最多。執信先生並說：「建設雜誌」不以黨界侷限，不以地域侷限，「雜誌是以公道、誠實、不專替一部分人說話爲原則的」，只要合乎宗旨的文章沒有不發表的。這一作風，極有助於新文化運動時期，客觀公平評判風氣的養成。

「建設雜誌」諸文中， 國父以博大精深，附有詳細地圖，又具精確數字的「實業計劃」中文部分刊載於該雜誌第一期。 國父的自序，這本原以英文寫成的專書，它的篇首及第二、三計劃與第四計劃的大部分是執信先生手譯的。 國父的「地方自治開始實行法」也在「建設雜誌」發表，其他有關建設方案與建立制度，闡發主義與提倡社會改革的文章，尤其是對直接民權的闡釋和介紹，內容詳實而豐富，作者觀察的銳敏與判斷的公允，使執信先生主編的「建設雜誌」成爲新文化運動時期最具有顯明主張、影響五四運動以後的中國政治動向、把中國推向現代化的重要刊物，也博得新文化運動健將胡適之和傅斯年兩先生的讚譽。

鄒海濱先生曾說：「執信在上海這二年短短的時間內，學問和思想進步之快，眞堪驚人，這不只是他個人的成功，同時也是黨的成功。我們如果不否認，這兩年內建設雜誌和其他黨的書報的宣傳，對於十三年後黨的改組成功的偉大貢獻，那麼，他的文字功勞是不容抹煞的」。所以執信先生等「建設社」各位黨的先進，在這一時期的努力所獲致的成就，實具有特殊的歷史意義。

英勇而有策略的革命實行者

執信先生不僅是一位犀利而有卓識的革命理論家，並且是一位英勇而有策略的革命實行者。他策劃和參加的革命實際行動及壯烈事蹟，在本黨黨史及諸先進的文章中已多有紀述。我在前面提到的周蘇羣(之貞)先生，在武昌起義廣州光復前，執信先生策動各地民軍，蘇羣先生亦揭竿而起。民元，蘇羣先生奉黃興先生之命，策劃協助李沛基、李應生兄弟在廣州倉邊街炸斃清將軍鳳山，清廷爲之震驚。民元，執信先生主持廣東廣陽綏靖處，蘇羣先生則主持肇羅綏靖處。他們參加革命行動，共事既久，相知亦深。我和蘇羣先生曾在日內瓦迭次晤面詳談，從他迭次談話中，使我更深了解執信先生在民前三年，如何策反廣州的新軍及努力聯絡廣東省屬番禺、南海、順德各地民軍共謀響應的作法；民前一年，隨黃興先生參加三二九之役的衝鋒陷陣；民前一年，廣州甫經光復，執信先生奉命潛入廣東內地，發動各路民軍進逼省城，使清軍節節潰敗的英勇事蹟；以及民前一年，武昌起義後，執信先生與胡毅生、李福林、黃明堂諸先生在廣東各地揭竿起義的救國熱忱。民國成立以後，民元，執信先生任廣東廣陽綏靖處督辦，勤政愛民，深爲人所稱譽。民三，爲策應粵省倒袁經費，執信先生奉　國父命，偕同蘇羣先生赴星加坡、吉隆坡、庇能、庥六甲等地籌款，達成任務。民五，廣東組成討袁北伐軍，共分三軍，第一軍司令，就是朱執信先生，第二、第三軍的司令則爲鄧鏗及周蘇羣先生。民九，　國父爲消除桂系軍閥，收復廣東，作爲革命根據地，特命執信先生回粵主持。執信先生乃在香港與古應芬、吳鐵城、夏重民、葉夏聲諸先生組織機關，運動各縣民團，連絡民軍，工作積極，成效卓著。民九秋，　國父命陳炯明從閩南率師回粵，驅逐桂系，執信先生被派負責聯絡廣州附近友軍，以爲聲援，他已招降了虎門砲臺的守兵，後來降軍和民軍發生衝突，雙方都同意請執信先生爲之解決。他挺身而出，欲親往曉諭降軍，同志都來勸阻，他說：「只要大局有補，個人安危何足計較？」就於九月二十一日奮不顧身，毅然前往，不意降軍誤會，對他圍攻，不幸遇難，壯烈成仁。蘇羣先生談及此事，道來至爲詳實，聆聽之餘，令我對這位有膽有識、允文允武的革命聖人，更肅然起敬！

研究學問的智慧與熱誠

執信先生是一位傑出的革命幹部，是　國父最賞識器重的支柱人物之一，可惜英年早逝。在他一生三十六年的歲月中，只有他的青年與壯年十五年期間，致力於創建民國、維護民國的偉大事業，時間雖甚短促，但他在革命理論和革命行動方面，不僅是革命思想的播種者，而且是革命理論的實踐者，他的卓越成就，對黨國都有特殊而重要的貢獻，尤其他那剛毅不屈的節操，勇敢豪邁以及不居功、不居名的襟懷，塑成了他那完整的革命的人格，爲一般革命黨人和知識分子樹立了不平凡的典型。執信先生的革命精神，就是中國國民黨的傳統精神。

戴季陶先生在「懷朱執信先生」一文中說：「他那研究學問的智慧和熱誠，眞是我們幾個常在一塊的朋友大家所不及的。讀書的量我不及他，讀書的理解力，我也不及他，至於講到知識行爲結合一致的毅力，更是我們萬萬不及他的。」並說：「像執信這樣知識情感陶融爲一片的人，眞是鳳毛麟角。……他那知情渾化的風格，眞是我極其羨望而絕學不到的。」季陶先生對執信先生的認知，可以是語語中肯，句句眞誠。

我個人雖未親炙過執信先生的教益，但受他的言行及精神的感召却很大，尤其是他在「建設雜誌」所寫的文章，對我做人做事的啓廸最多。例如他的「求學與辦事」一文，可以說是我從政時期所奉行的理論。我參加制憲會議，從事立法工作，以至對五權憲法之不斷研究，也可以說都是受到執信先生言行的啓導。

茲値紀念執信先生百歲冥壽之時，緬懷這一位英年早逝，既有時代新思想而又有傳統舊道德的革命先烈，他的風範，留給我們後代子孫的追思，眞是千秋萬世，永無止息！

（民國七十三年八月）

沖冠一怒爲自由

馮自由

英士先生鑒 前要往京江公所再籌備
決死隊交涉據言已願編入北伐軍
隊 請派員訓練及製軍衣云
昨日飛艇三具已到 駕駛同志李介余
棨二君現住泰安棧 美人工程師惠路
閣士夫婦 Wilcox 現住惠中旅館
Palace Hotel 均請妥為招待．另有同
行之自美洲同志三人 彭紀臣 劉輝揚 泉等亦
願編入飛船隊 又有由中山君同來之朱本富
君亦願編入
又由美洲回同志黃廣中李文啟二人回國效力
今住泰安棧亦願編入北伐隊 請使其到京
江公所與前到華僑同居
飛船隊須招三十人練習 請預招足 弟明
日試往南京各事 詢諸由中山同來之朱卓
民君便可 朱君亦飛行之家也 匆匆祈候
壯安
弟馮自由上 十一月十二日

上：國父在南洋策劃革命與同志合影，左一為馮自由先生　右一為李文範先生

下：馮自由先生為華僑同志擬加入北伐軍成立飛艇隊事致陳其美先生親筆函

馮自由先生的確是一位性格耿直、剛強不屈、俯仰無愧、自幼至老忠貞不渝的革命鬥士。自國父孫中山先生倡導革命至武昌起義，重要革命戰役，幾乎無役不與，對中華民國開國的貢獻，至爲彰著。中年以後，根據其親身經歷及所保存的册籍史料，先後出版「中華民國開國前革命史」及「革命逸史」等書，爲本黨（中國國民黨）留下了重要文獻。革命元老但燾爲自由先生所著「革命逸史」題贈一首詩云：

皤然一老自南來，書局隨身各體賅，湯武征誅皆歷預，伊周制作是躬陪；虛傳范子工心計，熟識蕭何擅史才，卅載專精方汗間，上儕實錄下齊諧。

這首詩雖然以讚美自由先生所著的書爲主要話題，但「湯武征誅皆歷預，伊周制作是躬陪」兩句，也已把自由先生對革命開國大業的貢獻，作了一個概括的描繪。

我於抗戰時期在重慶，才認識心儀已久的前輩自由先生，在中共侵據大陸後，他留居香港撰述革命黨史，一直擁護反共抗俄的國策，至民國四十二年來臺。先總統 蔣公對革命元老非常關顧，聘他爲總統府國策顧問，囑我時常去看望他，因此晤教較多，在輕鬆而誠懇的交談中，對他的立身行事，有更深一層的體認。自由先生降生於清光緒八年（公元一八八二年）十二月二十三日，不幸於民國四十七年（公元一九五八年）四月六日逝世，享壽七十有七。時光荏苒，他離開我們瞬逾二十五年，可是緬懷他的高風亮節，以及和他交往請益的情景，仍時縈腦海。現值他百零一年誕辰的前夕，謹略述他一生對黨國的貢獻，以表達我對這位開國元勳的欽敬之忱。

「革命童子」嶄露頭角

自由先生是很早參加興中會從事革命活動的一員；而且他在革命陣營中，是一位很突出的人物，有許多值得讚美和給人效法的事蹟。他十四歲時，在日本橫濱加入興中會，成爲　國父孫先生倡導革命最早組織的革命團體裏，最年輕的一位同志，他因此得了一個美號：「革命童子」。他加入興中會，還是　國父孫先生親自吸收的。當時（民國前十七年公元一八九五年十一月）國父於廣州起義失敗後，自香港到日本，成立興中會橫濱分會，他的父親馮鏡如先生被推爲分會會長。　國父有一天和陳少白、鄭士良應馮鏡如之約午餐，他也在座。　國父問他喜歡讀的書和對書中人物的看法。在聽了他的陳述之後，即席向他灌輸革命思想說：「你喜歡讀『三國演義』，又喜歡書中人物孔明，可見你明白是非順逆的道理了。現在我們的興中會，就好比漢朝的劉備和諸葛亮，滿清政府便是曹操和司馬懿。我們要起革命驅逐滿清，即同孔明六出祁山一樣。」中山先生並向馮鏡如說：「令郎熟讀三國，也有見解，何不叫他也參加入會呢？」鏡如先生接受了　國父的意見。這位十四歲「革命童子」入會之後，就開始參加革命工作，他的初期任務是抄寫和印刷革命的宣傳品，及秘密傳遞革命傳單和革命文件。

自由先生祖籍廣東南海，生於日本橫濱，原名懋龍。他改用「自由」這個名字，也有一段有趣的故事。清光緒二十四年（公元一八九八年）戊戌變法時期，自由先生在橫濱的大同學校讀書，校長徐勤是康有爲的學生，對變法維新甚表同情，自由先生却在作文中，力言滿清非我族類，其心必異，清帝愈有爲，則對我漢族愈不利，其言新政，只是一種愚民政策罷了。這篇文章，被校長徐勤看到了，大加申斥。不久，變法失敗，康有爲和梁啓超逃亡海外，梁啓超留在日本辦「清議報」，並在東京創設高等大同學校，自己擔任校長。自由先生以橫濱大同學校的優級生，獲選升到東京高等大同學校讀書。

冲冠一怒為自由

當時，梁啓超和　國父及陳少白等頗有往還，談及此後合作救國問題。所以校內教材，採用西方學者自由、平等、天賦人權等學說，學生高談革命，清議報也發表排滿言論。康有爲當時雖不在日本，事事仍要干涉箝制，他不滿梁啓超的作法，迫使梁啓超到檀香山，高等大同學校改派麥孟華代理。麥孟華對康有爲唯命是聽，他告訴學生：康先生對清議報上的言論，很不滿意，對梁啓超先生的「飲冰室自由書」，也表示不可再提「自由」兩字，連「獨立」兩字，也不可用，今後大家就用「自立」兩字代替罷。自由先生聽到了非常激憤，他抗議：你們怕老康如怕虎狼，不敢說自由，我偏要把名字改爲「自由」，看誰敢侵犯我的自由。他立刻在黑板上大字寫出：「馮懋龍即日起改名爲『馮自由』。」這年秋天，自由先生和同學鄭貫公、馮斯欒三人發刊「開智錄」雜誌，專提倡自由平等學說，鄭貫公也改名「自立」，馮斯欒改名「自強」，大家稱他們爲

「三自」。自由先生這段改名的舉動，充分表現了這位「革命童子」那種堅定勇敢的革命精神。

公元一八九九至一九〇二的三年間，自由先生在 國父的贊助下，除創刊「開智錄」外，並與沈翔雲、戢元丞、秦力山等合辦「國民報」月刊；與李自重、王寵惠等組織廣東獨立協會；與章太炎、秦力山等召集支那亡國二百四十二年紀念會，對於海內外的宣傳，收效至鉅。此時，陳少白更聘他擔任香港「中國日報」駐東京記者，美國致公堂的「大同日報」也委託他任駐東京通訊員；此外，東京的革命軍事學校及檀香山的「檀山新報」、新加坡的中和堂與「圖南日報」都由他傳遞消息，聯絡黨誼。在同盟會成立之前，自由先生的橫濱寓所，不啻為革命黨各方交通線的總樞紐。以一個未滿二十歲的青年，對革命宣傳與聯絡，已有如此的貢獻，實在難能可貴！

參與革命最早最久

公元一九〇五年，中山先生在東京組成中國革命同盟會，自由先生首先加入。不久被派到香港，協助陳少白主持同盟會分會和中國日報業務，鼓吹三民主義，不遺餘力。第二年，原負責中國日報發行的「文裕堂」，因為營業不振及受保皇黨控訴譭謗名譽牽累，宣告破產。自由先生見機制先，籌款買下了中國日報的發行權，使這一革命傳播媒體，沒有受到牽連，繼續出版。未幾，他被推選繼任了陳少白先生的中國日報社長兼總編輯和香港同盟會分會會長的職位。此時正是革命工作急待發動的時期，香港又是一個重要的革命樞紐，一切革命行動以香港為中心；而香港革命黨人則以自由先生爲中心。他與李自重（馮夫人李自平的胞兄）等戮力延納豪俊，擴展黨務，籌劃起義。據自由先生著「革命逸史」自序內云：「自是南方各省之黨務軍務，多由余主持之。就中直接指揮者：有丁未（一九〇七）四月潮州黃岡之役及惠州七女湖之役，五月劉思復在廣州謀炸李準之役，九月惠州汕尾運械之役；間接參預者：有丁未七月欽州防城之役，十月廣西鎮南關之役，戊申（一九〇八）二月欽州馬篤山之役，三月雲南河口之役，庚戌（一九一〇）正月廣州新軍反正之役，辛亥（一九一一）三月廣州黃花岡之役。」如果說：自由先生是在開國前追隨 國父，參與革命實際行動最早而又最久的一員鬥士，自是信而有徵。

由於自由先生任事積極，活動熱烈，因此目標顯露，遭香港政府疑忌，警方多次傳問調查，勸他自動離境。恰巧加拿大華僑洪門的致公堂，在溫哥華籌設「大漢日報」，託自由先生代聘主筆，他就自告奮勇，於公元一九一〇年赴加就聘。把黨務和報務交給在港新設的「南方支部」接辦，馮夫人李自平仍留在香港，照舊把家裏作爲在港革命同志活動聯絡場所。自由先生也曾在日本加入洪門，膺封爲「草鞋」（即將軍），所以能在加拿大一面主持大漢日報，發揚革命宗旨，一面也時常調停當地洪門的內部爭執和意見，深得各方面的支持信任。

公元一九一一年辛亥黃花岡起義部署之初，香港南方支部到處籌款，十分迫切。自由先生在加拿大各地，籌募了港幣七萬多元，滙到香港，這筆款額，相當於這次起義所花費的總數的一半。對這一次影響民國締造極大的起義，自由先生的貢獻也是相當的大。武昌起義後，自由先生由美洲同盟會，致公堂和洪門籌餉局三大革命團體聯合推舉，以「旅美華僑革命總代表」的名義，參加中華民國政府的建立工作。 國父就任臨時大總統，委派他爲總統府機要秘書。

南北統一， 國父讓位於袁世凱，乃和黃克強先生共同推薦自由先生出任稽勳局局長。該局的主要工作，是蒐集各地參加革命人士的事蹟，分別稽核褒獎，在各省都設有分局，自由先生常親自到各省督導工作，蒐集有關資料。不久，袁世凱竊國野心日漸明顯，南方各省紛起討袁，發動二次革命。自由先生遂以將資料發還各省複查爲理由，把稽勳局彙列的革命人士事蹟紀錄，預先運到上海，以免袁世凱利用這批資料，搜捕革命志士。

「天女散花」抗議賄選

自由先生是 國父倚重的革命同志，他曾拒絕袁世凱委派的工商部長職位，不受籠絡，因而被非法拘捕，下獄五天。釋放後，他南下上海，轉往日本，晉謁 國父，參加改組成立的中華革命黨，隨奉派到美國擔任美洲支部長，兼辦「民國雜誌」，並負責聯絡美洲同志及籌款支持討袁運動。此時自由先生曾與林子超（森）先生、孫哲生（科）先生、李錦綸、李是男等於舊金山召開國民黨懇親大會，籌備周洽，頗得市政府稱頌，許以一特別日，號爲「中國日」，實開美國「中國日」之先河。

民國五年（公元一九一六年）袁世凱敗亡，自由先生當選國會的華僑區參議員。民國六年

（公元一九一七年）國會被解散，參議員絡繹南下。國父發動護法之役，國會在廣州召開非常會議，舉國父爲大元帥，建置軍政府。自由先生於出席會議外，並參預軍政大計。民國十一年（公元一九二二年），國會二度恢復，在選舉議長時，有人出大筆金錢活動賄選，自由先生不但拒絕受賄，爲了表示抗議，他在選票上大書「三千元」數字，走上講臺，當場撕毀選票，撒擲臺下。第二天，報紙上有用「馮自由天女散花」標題，報導這件快人快事。

自由先生是一位反共的急先鋒，在將近六十年前，實行容共政策的前後，他即堅決反對，實在是一位看穿共黨包藏禍心的先知先覺者。民國十三年（公元一九二四年）中國國民黨改組，自由先生被派爲臨時中央後補執行委員。大會上，國父提出容納共黨及聯俄案，他力持反對，甚至在提案通過後，還發激烈反對言論，受到譴責，更遭受共黨和國民黨中親共份子的忌恨和排斥，他激憤的離開廣東，到上海繼續發表激烈的反共言論。第二年，國父在北平逝世，共黨和親共份子把持國民黨中央，竟給予自由先生開除黨籍的處分，使這位熱心革命大業，奮鬥三十年的黨中元老，十分痛心。直到民國二十二年（公元一九三三年），孫哲生先生任立法院長，自由先生才膺任立法委員。越二年，由孫先生等提議，才恢復其中斷八年的黨籍，他乃有「反共除名第一人，而今倖獲降殊恩」之句，自嘲亦復自幸。

抗日戰爭時期，在香港未淪陷前，自由先生因治療足疾，由滬赴港就醫，不料未及兩月，香港爲日軍侵入，乃蟄居九龍寓所。當時日本興亞機關代表井崎喜，曾藉慰問革命元老的名義，經常恭候起居，並願供其一切生活所需，企圖勸告他降敵；而自由先生意志堅決，始終不爲敵方利誘所動。至民國三十一年（公元一九四二年），化裝離開香港，前往陪都重慶。他這種不爲敵人所誘迫，冒險犯難的精神，曾贏得陪都人士一致讚譽。翌年，他被提任爲國民政府委員，參與對日抗戰大計。在中共匪幫以武力侵佔大陸時期，他一直留居香港撰述革命黨史，至民國四十二年（公元一九五三）由港來臺，先總統　蔣公聘他爲總統府國策顧問，翊贊中樞參與復國建國大業。

撰述黨史膾炙人口

自由先生中年以後，浸潤革命史籍，著作豐富，先後著述有三次革命軍、社會主義與中國、中華民國開國前革命史上編、中編及續編、革命逸史第一集至第六集、華僑革命開國史、中國革命運動、二十六年組織史、華僑革命組織史話及辛亥貴州革命黨列傳等多種，另在報紙雜誌發表的論文、雜說、詩篇也很多。在他所有的著作中，以「中華民國開國前革命史」和「革命逸史」這兩部鉅著，和另一位革命元老鄒魯先生的「中國國民黨史稿」，都可稱爲自　國父倡導革命以來最偉大的革命史編。

「中華民國開國前革命史」一書，有陳少白先生的題署書名、張溥泉（繼）先生的題詞，章太炎（炳麟）先生的序及參加革命之日人萱野長知致書代序等。「革命逸史」一書，有先總統蔣公、林子超（森）、吳稚暉（敬恒）、居覺生（正）及張溥泉（繼）諸先生的題署書名暨總裁的題詞：「播休奕代」、孫哲生（科）先生的序等。由此可見這兩部鉅著，深獲　蔣公和革命先進的重視。其中孫哲生先生的序文內云：「馮自由先生為吾黨之先進，博文強記，著作等身，年逾舞勺，即加入興中會，親炙總理，從事革命，於總理創業垂統之偉績豐功，嘉謨嘉猷，以及諸先烈先進經邦緯國之精神，致命遂志之奇節，莫不親見親聞，參與其事。其於南方及國外之黨務、報務與軍事活動，躬為主持者，歷有年所。民國成立，出長稽勳局，旁求博采，訪查考訂，於海內外同志效忠黨國之勛勞事績，更深明晰。曩年以所蒐集數十年資料與訪問耆舊所得，證之本身之見聞經歷，著成中華民國開國前革命史，革命逸史各二集，均屬吾黨珍貴史料；取材精審，考證確切，依歷史之演變，辨性質之異同，發潛德之幽光，揭清政之黑闇，或莊或諧，或顯或晦，經其筆述，莫不趣味盎然，歷歷如繪，感人至深。出版以來，不脛而走，一版再版，風行遐邇。今者將其近年著述，輯為革命逸史多集，內蘊豐富，與前相埒，彰善癉惡，正誤補闕，一人一事，均堪為景仰先烈之資，加強國人對本黨之認識，瞭然民國締造之艱辛，閱歷之險阻，確立共同之信念，而振發其愛國保種之心志，奠定民族復興之始基，則其直接間接貢獻於黨國者，誠不淺矣。」這一段序言，將中華民國開國前革命史及革命逸史這兩部鉅著所涵蓋的意義和內容，勾玄提要，切中肯綮。其膾炙人口，深受讀者歡迎，自非偶然。

反對容共被黨除名

自由先生被開除黨籍後，憤憤不平，自是人之常情，幸在賢慧的馮夫人慰藉勸勉下，應親友之聘在上海開設的新新公司任總經理；但他拋不開對工作的熱忱，利用餘暇把早年縝密保存的革命人物勳績史料，編著成「中華民國開國前革命史」。前面引述革命元老但燾詩中「盧傳范子工心計，熟識蕭何擅史才」兩句，就是描繪自由先生在這一時期的景況。

自由先生所著「革命逸史」的第一集和第二集，是在香港隱居時期寫的，第一集於民國二十八年在上海出版，第二集於民國三十二年在重慶出版，第三至六集是民國四十二年由港來臺後寫的，於五十四年在臺北出版，也就是在他逝世後第七年才出版的。自由先生文學根柢既好，其記憶力尤特強過人，同時又有歷年保存的表册、文件和本人的筆記、函牘、照片、舊報記載、本人舊作等豐富資料，加上勤於訪問同盟故舊而得的筆述、口述。所以下筆成文，都很翔實，而且文詞又極流利，使讀者讀之不厭。但燾詩中「書局隨身各體賅」一句，就是引舉北宋史家司馬光歷官皆以書局自隨的事跡，來比擬自由先生。

自由先生在「革命逸史」裏，載述的如「余育之事略」、「蘇曼殊之眞面目」、「李煜堂事略」等，把許多位在其他黨史著作都沒列入的革命人士的事績傳述下來，雖詳略各篇不同，或只一鱗半爪；位當此神州陸沉，人事滄桑，文物淪喪，若沒有這些記載，豈不使先烈前賢的潛德幽光，埋沒於無形，不爲世所知了嗎？自由先生的「革命逸史」裏，有很多這類的資料，只舉出一、二，就可見出這部鉅著所具有的價值了。

自由先生童年卽崇拜諸葛亮；而孔明以「躬耕於南陽」的布衣青年，受劉備的知遇，許以驅馳，「受任於敗軍之際，奉命於危難之間」；自由先生則童年受 國父的賞識，加入興中會，參與開國前的多次戰役，固然是冒險犯難，卽黃花岡一役，在海外籌餉，竟達起義所花費總數的一半，亦同樣艱難可貴。孔明在「前出師表」裏，向劉禪涕泣建言，不外明是非忠奸之辨；而自由先生因反對袁世凱帝制陰謀，不受其籠絡威脅，而遭縲絏之苦，終不屈服。民國十四年自由先生因反對容共聯俄，竟被共黨及親共分子屏棄於自童年參加發起及盡力發展的革命陣營之外，遭受除名之辱，雖不免心神沮喪；可是他非但未流爲叛黨的反革命者，而且專心著述闡揚中國國民黨革命的光榮史實。又在抗戰時期隱居香港，不受日本敵人利誘，毅然冒險潛往陪都，共赴國難。這些事例實乃由於自由先生學養有素，明是非、忠奸之辨，故能服膺主義，忠於黨國，始終不變，「歲寒然後知松柏之後凋」，得以晚節流芳。

淡泊寧靜媲美前賢

孔明一生以「淡泊以明志，寧靜以致遠」自矢；馮自由先生早年參加革命戰鬥，當然是轟轟烈烈，但在中年以後，居住於上海、香港及臺北時期，生活由絢爛歸於平凡，猶能淡泊自甘，寧靜安詳，潛心著述，使中國國民黨革命史績，垂諸久遠。他的人生哲學，與孔明亦有彷彿相似之處，堪稱媲美前賢。

自古以來，滿腹經綸，有興國之才，如漢之張良，「運籌帷幄，決勝於千里之外」；或學識淵博，如漢之司馬遷，「究天人之際，通古今之變，成一家之言」，著述史書，固不乏人；唯兼而有之，如宋之司馬光及歐陽修，治國與修史集於一身，則不可多得。馮自由先生既爲參加革命實際行動最多的一位開國元勳，又著述黨史，照耀千古；不但是革命史的一位創造者；而且是革命史的巨帙編纂者。所以他異於常人，而值得崇敬，正在於此。

唐書「劉知幾傳」云：「史有三長：才、學、識，世罕兼之。」自由先生才氣縱橫，學貫中西，所著的黨史，搜集網羅，巨細靡遺，且識見卓越，躬身親歷，自更翔實，用能成三百餘萬言，留下巨篇，傳諸後世，非有最大毅力與耐性，曷克臻此。所謂「史有三長」，自由先生庶乎近之。一代開國元勳，獻身革命，且浸潤史籍，爲黨爭光，的確不同凡響。

總觀自由先生一生，實在是中國革命史中一位特立獨行的突出人物。他自童年參盟，致力革命，歷任艱鉅工作，勇於任事，忠於職守，皆能達成任務。他生性耿介、堅貞、眞誠、坦率、篤於主義信仰，守正不阿，廉潔自持，嚴於善惡、是非、忠奸之辨。他心直口直，對邪惡者輒正言擯斥，不稍假借，故往往與人相忤，不顧也。然於平常處世待人，則無論貧富、貴賤、尊卑，皆謙恭和藹，樂與交遊。且富有幽默感，談話詼諧，風趣橫生，觀其爲文，亦可知其梗概。他不以達而驕人，不以窮而改節，世言「三不朽」者，他皆具之，高風亮節，洵足以千載流芳。我敬其人，嗜讀其書；我讀其書，更敬其人。「仰之彌高，鑽之彌堅」，對這一位懷霜臨雲一般的高潔眞純的革命元老，雖不能及，而心嚮往之。自由先生百零一年誕辰，轉瞬將至，撫今追昔，思念曷已！

（民國七十三年一月）

四塊錢開啓畢生
革命興學育才

鄒　魯

藍縷篳路啓山林處處山林
盡化金樹木樹人兼樹穀
規模遠託百年心
癸未夏　鄒魯

右上：鄒魯先生上　國父書報告潮、梅一帶討袁軍事情況

右下：鄒魯先生墨蹟

左上：　國父當年宣講三民主義的國立廣東高師大禮堂（國立中山大學前身），鄒魯先生為三民主義讀校人

左下：鄒魯先生書　國父頌國立中山大學校訓勒石

博學之
審問之
慎思之
明辨之
篤行之

本校成立時
總理曾以四書語
博學之審問之慎
思之明辨之篤行
之貽本校今當新
校落成照書其文
用誌
遺教

鄒魯敬書
民國二十三年秋

上：鄒魯先生（前坐左二）於民國十四年參加西山會議

下：鄒魯先生繪「芝蘭」意趣超絕，設色雅致

畢生興學育才

鄒魯海濱先生是我最崇敬的校長。他在我大學時期，啓迪我的革命思想，輔導我信仰三民主義，介紹我參加中國國民黨。當我在高師畢業後，留我在附小任訓導主任，並選派我赴日考察教育，赴法國深造；在我供職國際聯盟時，邀我回校主持中山大學法學院；當我爲黨國服務期間，經常賜予教誨和指導。師恩深重，使我終生難忘。民國三十九年，海濱先生來臺後，我和他同住在臺北市浦城街，每逢假日，輒趨候聆教，使我感受更深。

海濱先生生於清光緒十一年農曆正月初六日（西元一八八五年二月二十日），今年國曆二月七日，是他的百齡冥誕。在他百齡冥誕的前夕，回憶他生前服務黨國的往事，又湧現心頭。他的勳業文章，及其對黨國的貢獻，永垂史册，用不着我多說。現在僅將其興辦學校、培育革命青年及其對教育的特識和遠見，就個人的了解和體認，略加敍述，藉表虔誠的追思，並供從事教育者的參考。

曾做望期

海濱先生是民國十三年本黨改組後的第一任青年部長。他之所以被任這一個職務，和出任之前所以被　國父任命爲國立廣東高等師範學校校長，與其後出任國立廣東大學校長的原因，在他的手著「回憶錄」中可見一斑。這是因爲　國父知道他很留心青年問題，對教育方面也很有見解，而且有辦學的經驗，所以就將作育青年和進一步把青年與本黨結合起來的重責大任，放在他的肩上。海濱先生何以能承擔這樣的重責大任呢？除了因受　國父人格的感召、主義的薰陶外，還要歸根於他幼年和青年時期所受的教育。

海濱先生是廣東省大埔縣人，父名應淼，母親木氏。大埔縣城裏，姓鄒的只有海濱先生一家，由於長兄早夭，除了父母，沒有伯叔諸姑，沒有兄弟姐妹，可說是「門衰祚薄，煢煢孑立」。惟其家庭貧苦，父母對他更格外鍾愛，敎以灑掃應對，處理家中雜務，使他體會到慈愛的眞諦，養成刻苦耐勞獨立奮鬥的精神。

海濱先生的父親，稟性忠厚，內行純摯，常勗勉他立志讀書，爲人處事之道。他的母親，性情和藹，勤儉持家，常携他到孔廟遊玩，講些聖賢豪傑的故事，啓發他讀書敦品，見賢思齊。他八歲入塾啓蒙，勤讀不輟，三年讀完四書，兼及古文、時文和千家詩。十一歲至十四歲，承塾師彭祖佩循循善誘，讀完了詩經、易經、禮記和唐詩，並已學會作古文。後又從饒史庭師聽講春秋、左傳。十五歲，因自覺天資魯鈍，改名曰「魯」。饒師問他是不是以孔子自況，他惶恐答道：「某何敢以孔子自況，因爲天資魯鈍，從實取名，所以名魯」。饒師喜道：「很好！『參也魯』，我雖不是孔子，却期望你做曾參。」可見饒師對他的厚望。

海濱先生十六歲的秋天，他母親因久病失調，溘然長逝，爲了報答親恩，益發憤苦讀。十七歲，又從張竹士師聽講周禮、史書及經世之文，自己看完通鑑易知錄、資治通鑑及鳳州通鑑，後來又瀏覽史記、漢書、老子、莊子、墨子、孫子及文選等書。十七歲的冬天，往潮州韓山書院讀書，離家較遠，經濟更爲困窘，「焚膏繼晷、兀兀窮年」，正是海濱先生那時生活的寫照，但也奠定了他深厚的學問基礎。

四塊錢辦學校

海濱先生十九歲那年，回大埔縣新創辦的新式學堂讀書，課程除算學、英文外，與私塾館無異，甚表不滿，在作文中偶加批評，被教師斥責說：「你說這學校不好，你有本事辦一個好的給我看。」他受責之後，便決心和同學張煊倡辦學堂。鄉人聽說兩個青年人要辦學校，都表示驚異，但海濱先生却不顧一切，努力以赴。結果：得到一個舊同學的哥哥捐了四塊大洋作開辦費，又得到各方支持幫助，終於創辦了樂羣中學；在翌年春季開學時，還附設了一個小學。許多同學受了他的影響，都各回本鄉辦學，竟前後一共辦了二十七個小學。

海濱先生在初辦學成功之後，他自己却去另一同學在家鄉所辦的樂羣小學任教。一年後，雖然學校和學生家長都挽留他繼續任教，他自己深覺學識不足，乃決心深造，負笈廣州；原想投考師範學堂，不料當時却沒有師範學堂可考，只澳門有一所師範學堂，却又辦得很糟。於是海濱先生又立志在廣州倡辦師範學堂，他自己說：「說來也許可笑，我是一個小縣生長的人，廣州是一個初遊的省城。人地生疏，毫無憑藉，竟倡議辦師範學堂，談何容易？」但是他絕不氣餒，本着滿腔熱忱和勇氣，四處奔走，請求人家幫忙。首先把他自己從家中帶來準備作一年讀書和生活費用的一百二十多塊大洋作開辦費，經過一個多月的努力，終於創辦了潮嘉師範學堂，以便利潮州到廣州投考師範的學生就讀。在辦學期間，還於晚間到理化研究所上課。不久，考入廣州法政學堂，於民國前四年畢業。他一面讀書，一面興學，艱苦備至，這種興學創業精神，粵人至今稱道弗衰。

海濱先生曾回憶說：「自從四塊錢辦成了樂羣中學，一百多塊錢創立了潮嘉師範，我眞覺得世上並無難事。而拿破崙所說他的字典裏沒有『難』字，的確不是誇言，只要認定目標，埋頭苦幹，沒有不成功的道理。」我覺得海濱先生興學的成功，可媲美於山東乞丐武訓。這固然是勇氣和毅力過人，更重要的還是由於他自幼深切感受讀書的艱難，聯想到別人，興起對教育的那一份狂熱和執着，才能使他衝破一切困難而有志竟成。

創辦廣東大學

海濱先生於民國十三年接受　國父交付培育及輔導革命青年的重任，長期致力於青年和教育工作。首先在廣東高等師範學校校長任內，努力使大量的青年學生樂於接受革命的薰陶，爲國家發掘人才，替革命增加新的血液，使能擔負時代的任務。其後，創辦廣東大學，建立西南最高學府的基礎，使其成爲當時國民革命策源地的廣東青年運動中心。另又成立平民教育委員會，在廣州市普設教場達二十餘所。稍後，更在中山大學附近十鄉村創立鄉村服務實驗區，培育一般社會青年，使能自立自強，以充實國家人力資源。

海濱先生不特對國內青年，勤於培植，尤其對於海南島和粵北地區文化較爲落後的黎、苗、傜等族青年，擬訂優待辦法，鼓勵他們入校求學。而且爲造就海外青年幹部，更儘量便利華僑青年回國升學。據該校校刊所載，民國二十四年統計資料，中山大學暨附屬中小學校的僑生，就有一千四百五十七人。他們來自東南亞、當時英、荷各屬地，及北美、中南美等地區，和今天來自海外在自由祖國就讀的僑生，其地區的普遍，人數的衆多，可謂先後輝映。

最值得稱頌的是海濱先生對於備受壓迫的弱小民族，像那時還未獲獨立自由的韓國、越南及尚未歸還祖國懷抱的臺灣青年學生等，莫不予以優待，由學校供應費用。這種遠大的眼光，實不愧爲一個具有崇高理想，實踐三民主義的教育家。

民國十四年，海濱先生已離粵北上，由於法國里昂中法大學保有國立廣東大學海外部的留學生名額，須待補充，海濱先生特在滬拍電回粵，建議學校，選派教授一人、男女同學十一人，前往法國深造，我也是被選派之一員。當我們一行北上辦理出國手續之時，在滬晉謁海濱先生，他非常高興，還和我們一起到杭州，盤桓了幾天。臨別又贈詩寄意，並囑各帶三民主義大字本一套（共三本），隨時研讀。他那敎育後進、扶掖後進、鼓勵後進的熱忱，眞令人深爲感奮。

海濱先生自接長高師以後，就住在學校，每天清晨，在大操場策馬或散步，日間並不時留心授課情形。因此，海濱先生經常和在校的同學多所接觸，不特同學有事請謁，他都隨時接見；而且也常常約見同學。我在校期間便和其他同學一樣，不時給海濱先生約談。他爲人和藹，晤對之際，往往從日常生活，談到學業和思想。學生有所陳述，他都專心靜聽，使人如沐春風。他約見學生時，除談話之外，也往往賜贈一些有關革命主義和本黨先進的著作，給同學們閱讀。到了適當的時候，他就分別徵詢同學對中國國民黨的意見，必要時便親自介紹入黨，我便是在民國十二年，由海濱先生介紹入黨的。他這種循循善誘爲黨國培育青年的熱忱，使我畢生難忘。

做大事不可不讀書

海濱先生除個別指導青年外，在公衆場合所發表指導青年的言論，在「澄廬文選」中所留下的講詞，即有「大學生與中學生」、「學生與學校」、「學生與社會」、「大學生與國家」、

「研究學問的精神」、「團體生活」、「我的讀書處世談」、「大學畢業須到民間去改造社會」等八篇之多。當然，實際上並不只此數。海濱先生每當學校新生入學或舉行畢業典禮及其他適當時機，都常親自講話。關於讀書和研究學問，他說：「總理說過，『要做大事業的人，尤其是革命黨，不可不讀書。』常人不讀書，只是害己；而做大事業的及要做革命的，不讀書則害了國家社會。」「研究學問的方法，已不僅着重知識的搬輸，而在於搬輸後的實證工作。這不但理、工、農各科如是，其他如社會科學的研究，也要做種種調查和實踐的工作，使得明白社會上眞實的情況。」「大學要注意理論與實踐相互貫串，必須將理論與實際連結起來。在理論方面去認識實際，而更須在實際方面去反證理論。」關於做人和立志，他說：「總理曾說過：『革命的基礎，須從革心做起。』何謂革心？這毫無疑義的是作『心理建設』，要大家革除『自私心』、『懦怯』、『頑固的思想』和『缺乏自信心』的缺點。」「要改造思想，最先應把『各家自掃門前雪，莫管他人瓦上霜』的傳統腐敗思想去掉，其次要恢復『殺身成仁、捨身取義』和『至大至剛』以及『智、仁、勇』等等的德性。」諸如上述的嘉言，不勝枚舉，苦口婆心，語重心長，所以海濱先生實在是一位循循善誘、誨人不倦的青年導師。

關於海濱先生青年時期在其家鄉辦的樂羣中學，及在廣州所辦的潮嘉師範學堂，上面已有敍述。至於他對教育的特殊貢獻，我曾在東大圖書公司印行的「師友風義」一書中有比較詳細的敍述，現僅將其事蹟簡述如下：

民國十二年春，　國父在平定陳炯明之亂後，回到廣東，積極整理政治、軍事及教育。先將廣東高等師範學校改爲國立高等師範學校，並任命海濱先生出任校長，賦予整理教育責任。翌年春，廣東局勢稍定。　國父決心將革命事業從頭做起，一面改組中國國民黨，重建革命組織；一面創建黃埔軍校和廣東大學，培養文武革命幹部。並派總裁　蔣公籌辦黃埔軍校，派海濱先生將當時廣東的三所專科學校——國立高等師範學校、廣東公立法科大學及廣東公立農業專門學校合併創辦國立廣東大學，以海濱先生爲籌備主任。

廣東大學校長

民國十三年六月，廣大籌備工作告一段落，　國父乃正式任命海濱先生爲國立廣東大學校長。廣大分設預科及本科，本科則分文、理、法、農、工五科，還附設初級師範、附屬中學、附屬小學及幼稚園，學生二千五百餘人，來自全國各地。

民國十四年　總理逝世，爲了紀念　總理，國立廣東大學改名爲國立中山大學。海濱先生旋因反共被鮑羅廷等排擠離粵北上，直至民國二十一年二月重任校長，乃將理工學院分爲理學院及工學院，添設各系，並增設研究院和師範學院，又先後接收了廣東通志館、兩廣地質調查所及歸併國立廣東法科學院、省立勷勤大學工學院，並新設土壤調查所、稻作研究所、民衆法律顧問處、經濟調查所及鄉村服務實驗區等，使中山大學規模益爲宏大，並使學校與社會更爲密切關聯。

海濱先生重長中大，最重要的還是石牌新校舍的籌建。經積極按照計劃進行，多方籌款增建校舍，於民國二十三年秋，先將農工理三學院遷入新校開課，至二十四年秋，文法兩學院亦遷入新址。國內外來校參觀人士，對校舍規模之宏偉，營構之精美，莫不交口讚譽。海濱先生在任八年，是當時歷任校長任期最長的一位，經過他的艱難締造，確已成爲公認的西南最高學府。

海濱先生擔任廣東大學校長時，即有專設的海外部，主持選派學生到國外留學事宜。當歐戰結束之後，李石曾、吳敬恒兩先生倡導勤工儉學，青年赴法留學者頗多，其中粵籍的也不少。後來這批學生中有的經濟情形，漸感拮据，海濱先生乃承擔了其中六十名的費用，因此中山大學的海外部名額，定爲六十人。學成回國者對國家社會，至有貢獻。可見海外部的創設、充實與擴充，海濱先生實具遠見卓識。

對教育充滿熱情

海濱先生既對教育有無比的熱情和興趣，而又不斷努力興辦學校和從事教育工作，對教育自有深切的研究和體驗，因此，他的教育思想和教育主張，都能與時俱進、非常卓越和切合實際需要。他自民國十七年環遊世界考察各國教育歸來，更認爲我國教育非徹底改革不可。在民國二十一年返粵重長中山大學時，便草擬了一個方案，向西南政務委員會建議，設立西南改革教育委員會，從事教育改革。民國二十五年他往德國參加世界大學會議時，更提出「改革教育哲學基礎原理案」，提出他的仁愛互助的教育哲學思想，和由教育實現世界和平的主張。民國三十一、二年間，抗戰勝利在望，他又提出戰後和平原則和全國國民皆受高等教育的主張，建議中央採擇。

在上述這些意見和主張中，充分表現了他教育思想的偉大深遠。第一、他認爲教育應培養國民的愛國觀念和做人觀念。他主張愛國教育與人格教育，而反對殖民地教育。第二、他認爲教育應注重實用。他強調實科教育與職業教育的重要性，而反對「升學主義」。第三、他認爲教育要把理論與實際聯結起來，學校與社會必須互相配合，通力合作。第四、他重視生產教育。認爲教育應注重培養國民的生產技能和勞動習慣，使每一個人都成爲社會生產分子；而且學校應由消費而轉入生產之單位。

此外，海濱先生對我國學制的改革，主張廢除寒暑假，以縮短修業年限，延長義務教育年限至全國國民皆受高等教育，以及對課程的修訂、教材的編審、各科書籍的編譯等，都有很卓越和具體的見解，充分顯示他的教育思想富有革命性和實用性。可知海濱先生不僅是教育家，也是教育學家和教育哲學家。他對教育的理想和抱負之高遠，至足敬佩，他對教育的貢獻是非常偉大的。

（民國七十三年二月六日）

完成黨史編纂

鄒海濱先生是革命先進、國家元勳，對黨國的貢獻爲大家所熟知。彥棻最近應中央黨史會之約，已撰寫「鄒魯傳」一篇，及撰寫「鄒魯先生致力教育的偉大貢獻」，在香港時報、青年戰士報發表，今天僅就海濱先生編輯「中國國民黨史稿」的肇機、經過及其影響，摘要向各位報告，並請指教。

編輯黨史的肇機

鄒先生最初編輯黨史的肇機是在民國七年。他立意和朱執信先生共同把辛亥三月二十九日廣州革命之役，徵集事實，編成信史。當時已經根據黃興、胡漢民兩先生有關該役的海外報告書，分類舉出事實，詳細列表，印刷多份，分寄參加此役的各同志，並登報徵求答案。可是所收到的答案資料很少，編輯工作因而中止。

民國九年，朱執信先生在虎門遇難。鄒先生痛悼之餘，就想完成和朱先生共同發起、惜已中止的工作；於是把以前徵得的一部分史料，編成一篇「黃花岡七十二烈士事略」，編成以後，國父且已親賜序文。中經事變，又復擱置，直至民國十二年才把它出版。

民國十三年春，本黨改組，鄒先生認爲應該乘時發揚先烈革命精神，便再開始搜集資料。當正在重編「廣州三月二十九日革命史」的時候，　總理曉得了，就對鄒先生說：「你除了編『廣州三月二十九日革命史』外，應該一併徵集資料，編輯黨史。」（以上參見鄒魯著「回顧錄」上册）

徵集資料的經過

鄒先生於民國十二年出版「黃花岡七十二烈士事略」的目的，就是想借這本書寄給各方，徵集材料，以便編成更爲完善的信史。所以鄒先生在篇末，還附錄他和朱執信先生所擬訂徵集材料的調查表。

民國十三年春，鄒先生將迭次彙集所得材料，將烈士姓名籍貫列出，並註明材料來源，復一一加以按語；更由林森先生根據此表，請在廣州參與是役的同志，共同審查。第一次審查會議確定者，共計有五十六位先烈。得到第二批材料之後，召集第二次審查會議，又確定了十六位先烈姓名。此後的姓名，都是廣東革命同志會審查而得的。

民國十三年，鄒先生奉　總理命編輯黨史時，除了　總理賜給的材料之外，還在中央黨部週刊登廣告，徵求一切有關資料；同時由青年部和海外部聯名函海外徵集，又請參與革命工作的同志，自述筆錄，列舉事實，而對於和黨史有關的一切書籍，或購買，或借抄，並將所有材料，先行集中起來。到了是年冬天，積稿已滿兩大箱了。（以上參見「回顧錄」上册及吳敬恒先生和鄒先生往返的書信）

編輯出版的完成

民國十三年暑假，鄒先生約了國立廣東高等師範二、三十個學生，指導他們依照事類，在該校圖書館，將書籍中有關黨史的部分抄出；抄出後並指定秘書爲之彙集。鄒先生遍閱所收集的資料，便決定體例，分列章目，向總理請示，總理看了，對他說：「很好」。

民國十四年春假期間，鄒先生借廣州友人住宅，準備專心編輯，不料剛才着手，而　總理在北京病重，鄒先生北上侍疾，編輯工作只好中止。總理逝世後，鄒先生輾轉到了上海，黨史材料亦轉到上海。此時他從已收到的材料中，先編成「廣州三月二十九日革命史」一稿，遂請胡漢民先生修正，原擬俟修正後才出版。胡先生却逕交民智書局付印，並囑先寄鄒先生數本。鄒先生細閱全文，知道隻字未改，他便寫信給胡先生，問他爲什麼沒有修改就付印？胡先生復信說：「原稿已細讀三遍，因全篇都妥當，所以隻字未改，付印後又細讀一遍，既然如此，我隻字未改，並非偷懶，實無須修改也」。他很感謝胡先生的厚意。

民國十六年四月，南京清黨告一段落，鄒先生開始整理編輯黨史，酷暑的盛夏，獨自揮汗執筆，朝夕無間，不久，黨史稿草成，送請胡先生修正。胡先生復信內云：「……一、分類當以『組黨』、『宣傳』、『革命』爲三部。『暗殺』納入革命；而『海外』可納入組黨。如此則體裁既善，分量亦復相當也。二、『緒論』一章，似宜删割，因其不必要；且爲此綜合之批評，甚不容易也。三、『註』宜用較小一體之字，例如原文用五號，則註用六號。……」鄒先生就依照改正。九月間，改正完成。再送請胡先生修正，胡先生立刻答應。但是不久，胡先生和鄒先生分途出國，又暫被擱起。

民國十七年冬，胡、鄒兩先生先後回國，鄒先生寫信問胡先生對於黨史稿的意見，胡先生於十二月一日復信，促他自己完成，並說不必過於求全，並將原稿檢還。鄒先生日夜工作，將原稿整理就緒。但是他只編到　總理逝世爲止。因爲　總理逝世之後，他鑒於本黨同志意見分歧，黨內屢次發生糾紛，他身處漩渦，未便執筆記載下去。他爲愼重起見，在快要完稿時，又寫信給胡先生，請他作一序文及寫一封面，胡先生於十二月十三日復信說：「……一、尊稿改編，即可出版，毋須再寄參酌。二、三民主義、五權憲法，似宜納入宣傳爲宜。……三、弟手邊一無可加之材料，惟邵翼如（元冲）兄於建國雜誌，屢有關於黨史之撰稿（如肇和艦之役尤詳），可資採擇。四、弟忙無執筆之暇，而黨史之重要，不宜輕率爲序，求敷衍塞責。無已，則由兄摘弟前後討論之書，廁之他人之序末，或卷末，以略存所見耳。五、書面當爲草署，然久不臨池，字必不佳也。」

這部書的定名，鄒先生初擬爲「中國國民黨史料」，嗣經胡漢民先生引「明史稿」之名，改爲「中國國民黨史稿」。黨史編成後，吳敬恒先生於十八年二月爲該史稿作序，鄒先生於同月也作了一篇自序。鄒先生編完黨史稿後，就離開上海赴日本，關於印刷的事情，請胡漢民先生代爲處理。初由民智書局出版，後經鄒先生校訂後，又交商務印書館再版。（二十七年七月商務本第一版）（以上參見回顧錄及胡漢民先生致鄒先生的書信）

黨國先進的批評

吳敬恒先生於民國十三年六月十八日致鄒先生書中，有云：「承賜示暨惠贈黃花岡烈士諸文件印稿，詳愼精核，搜討靡遺，盡心備至，不勝欽仰。」又吳先生在黨史稿序言中云：「……就歷史正確之材料，而抉其弊病，則有五端：一卽諱；二卽飾；三卽誣枉；其四爲傳誤；其五爲疏漏。……中山先生旣於自傳示其不諱、不飾、不誣枉之楷模矣。復知將來傳誤、疏漏之不能免，又敦命海濱先生，徵集材料，爲大規模之編纂。於是積之年載，所得綦多，鄒先生着手整理逾三年，雖中間小有所輟，而用力不可謂不勤。然而仍不敢定之爲史，只擬名之爲史料。雖經展堂胡先生鑑別其正確，勸名爲史稿；然曰料曰稿，欲出版而後有待於當世同志之批評。尚有諱、飾、誣枉否？有否誤傳者乎？如皆得免之矣，知各地同志見聞所及，必有可以補益疏漏者。如是而渺之爲史，庶乎盡正確之能事。」

民國十八年三月二十九日革命起義紀念日，胡漢民先生有一段演講，說到關於黨史稿校訂的經過情形，內云：「……此役經過，已有許多同志著書記述，但都沒有十分完備的。……其比較詳細的，還算鄒海濱先生著的『中國國民黨史稿』。」（以上參見回顧錄、黨史稿吳敬恒先生序言及致鄒先生書信）

黨史稿的三長及其功能

鄒先生編輯史稿所秉持的態度，鄒先生在他三十二年十月一日出版的「回顧錄」中說：「我奉總理命編輯黨史，自然不敢稍有忽略，致失眞實，這就是我個人的心願。因爲黨史是千古之信史，總須以大公無我之心去編成，才適合我的人格。所以對於個人雖有恩怨，而在編史的時候，我却一概摒棄，從實記載。蓋恩怨是一時的，信史是千古的。我不能因一時的恩怨，而損及千古之信史。所以我決定本着這個立場編黨史，雖然史才、史學、史識，都愧不足；但以現代人編現代史，出版十餘年，國人同志，不多見責，則此心此志，亦稍可以表白於衷了。」鄒先生雖自謙史才、史學、史識都愧不足；可是由胡漢民、吳敬恒兩位先生的評鑑，知黨史稿之編次精當，有良史才；徵引詳確，有良史識；未肯率爾稱史，則有良史德。至其於青年讀書時期，既熟讀歷代史書，並作筆記評語，其史學之豐富，更無論矣。鄒先生復於民國二十七年、三十三年兩度將黨史稿增訂補充，務期完善（見「鄒魯全集」第三册至六册），尤見對黨史的忠誠。深佩其兼具三長，忠於歷史。

在有關黨史著作中，除鄒先生的「中國國民黨史稿」外，如馮自由先生的「中華民國開國前革命史」及「革命逸史」都値得研讀。馮先生亦爲黨國先進，我曾撰文敍述他致力革命及編著黨史的貢獻。他的第一部書只敍述開國前的革命史，第二部書他自稱爲「逸史」。其內容及體裁，自不同於鄒先生的史稿。

鄒先生的黨史稿，雖名稱爲「稿」，因其編輯的嚴謹，復經過名家的評鑑，數度的修訂，實可躋於正史之列，爲治近代史者所不可或缺之重要參考史實。鄒先生爲本黨闡揚了 國父建黨領導革命的光榮歷史，及先烈先進爲國爲民犧牲奮鬥的偉大志節，對黨國實有卓越的貢獻，這是値得我們崇敬的。

海濱先生著作等身，其與黨史有關者，已分別納入黨史稿中。我認爲本黨同志，必須研讀黨史，而黨史稿又爲鄒先生最重要的著作，特就此提出報告，敬請指正。

（民國七十三年二月）

幾椿傑出的革命史實

今年二月七日是鄒海濱先生百齡冥誕。我參加中央黨史會爲他舉行的紀念會，回憶在他生前趨候聆教的往事，對他的學養智慧、勳業事功，不勝崇敬，懷念彌深。現在只舉出幾椿傑出的革命史實，略加敍述，藉表虔誠的追思。

民主思想的啓蒙

海師的民主思想，孕育於青年讀書時期。據他自述，在十七歲那年（民前十一年），他從塾師張竹士聽講大學、中庸、左傳、周禮及經世之文，另外自己看完一部他父親獎給他的蠅頭小字綱鑑易知錄，以及向朋友借來的資治通鑑和鳳洲綱鑑。他看綱鑑易知錄時，一面圈點，一面做眉批；並且另外備一本紙簿做短評，以補自己記憶力的不足。短評的標準，分爲下列五項：㈠內中國而外夷狄；㈡民爲貴，社稷次之，君爲輕；㈢對於人民，庶之，富之，教之；㈣百姓足，君孰與不足；㈤尊崇道德、學問、義俠和節烈可敬的人事。被張師看到，說道：「這種批評法很對，並且簡單明瞭。你有這種史才史識，不妨多多努力。」（見鄒魯著「回顧錄」上册，以下引述同）從這一段記述，可見海師在年僅十七歲時，治史之勤，而且已經具有民貴君輕的民本思想和教民養民的政治理想。

海師在二十一歲（民前七年）那年，首先加入尤列所組織的中和堂。次年，在廣東法政學堂求學時，結交師長朱執信，同學陳炯明，成爲廣東地區的革命健將。在他二十五歲那年（民前三年）夏天，畢業於法政學堂。次年冬，同盟會南方支部在香港成立，經朱執信介紹，加入同盟會，從此進入港粵地區革命組織的核心。在這一階段，海師既受革命主義的薰陶，實際上已參加革命工作，但仍繼續在法政學堂研習政治法律，深究世界政治及憲法思潮，他的民主憲政思想，益爲成熟。

一次擲地有聲的否決案

海師不僅有民主的思想，而且懂得民主政治運作的技巧。例如他在法政學堂畢業後，一面在粵商自治會教書，一面在廣東諮議局做事。諮議局是一個民意機關，剛剛成立，他的老師丘倉海（逢甲）當選爲副議長，書記長是古湘芹（應芬），丘氏任用海師爲書記。當時廣東的賭風昌熾，倡禁之議，時有所聞。丘氏和議員陳炯明都激烈主張禁止，於是在諮議局一次大會中，由陳炯明等提出了禁賭案。議員中有一個姓蘇的，係賭商，非常闊綽，大家都叫他「蘇大闊」。假使這個提案通過，對他有很大的不利，於是他在大會開幕以前，利用金錢收買議員，結果不少議員接受了他的賄賂。大會表決該案的結果，果被否決，不過由於該案係採用記名表決法，贊成與否，分別在票面上寫自己的名字和「可」或「否」字。投票時，由海師登記。散會後，蘇大闊大請其客。海師對古湘芹說：「這個諮議局名爲『民意機關』，實際是『豬仔』議場，實在不願再幹下去，我決意辭職。」古湘芹亦有同感。當晚海師把議場的情形，全部「可」「否」票的議員名單，赤裸裸地送到報館發表，同時提呈辭職。有一位同事是丘氏的親信，看見他這種舉動，大爲驚駭，怕出亂子，就報告丘氏。丘氏說：「海濱這樣做是很對的。」跟着古湘芹也提出辭呈。議長雖極力挽留，他們却不顧而去。既而丘氏和全部投「可」票的議員，都提出辭職，事情變成嚴重，社會人士擁護公論，在廣州明倫堂開大會，聲援禁賭。這樣，投「否」票的議員，迫於情勢，也就不得不辭職了。

這一片辭職聲，引起了清廷派出按察使、勸業道和巡警道三位大員來查辦。他們請海師和古湘芹吃飯，藉以詢問此事的經過眞象。結果，清廷迫於清議，對投「否」票的議員，都准許辭職，而對投「可」票的議員，則都予挽留，海師和古湘芹仍回原職。社會輿論對於這樁事情，都表示好評，並且說海師的貢獻很大；甚至廣州民間唱本的木魚書和船上賣藥的說白，都錯認他是力主這次禁賭的議員，他認爲這眞是「不虞之譽」（見鄒魯著「回顧錄」上册）。當時，海師並不是議員，而只是一個書記，他靈活的應用民主政治運作的技巧，爭取輿論的支持，打了一次勝仗，實在值得欽佩。

創辦可報

民前一年，同盟會以革命時機成熟，謀在廣州大舉，爲鼓吹宣傳，造成有利形勢，特派海師在廣州辦報。據海師說：「至於報名則定爲『可報』，係利用那時諮議局禁賭案投『可票』的『可』字意義。這樣，人家會當作這報是諮議局辦的，可以增加號召力；也可以借諮議局的招牌，來做我們的護符。計議既定，就舉行集款，很得到議員們的幫助，在短短的時間內，就集成相當的數目。不過我因籌款問題，却破了一次戒。……當籌募可報經費的時候，有一位議員願意捐一間舖面做館址；可是有意開玩笑，要我們兩人（按指海師和陳炯明）請他吃一次花酒，才能夠答應。我和陳炯明沒有辦法。只能敷衍了一次。」「可報」便於三月三日創刊，宣傳對象，主要爲爭取清廷的武裝隊伍，開辦以後，在軍隊裏和社會上造成濃厚的革命空氣，距「三二九」（國曆四月二十七日）起義，只有五十五天。從這一段史實，可見海師爲「可報」命名，苦心孤詣，別出心裁，海師實可稱爲一位革命報社的名創辦人。

彈劾趙秉鈞

民國成立後，海師當選第一屆國會衆議員。於民國二年二月，北上入京，參與國會工作，並與同人租屋設立「公餘俱樂部」，隱然成為國民黨在北京的中心。當時國民黨籍議員佔參衆兩院席位泰半數，袁世凱深感不安，知海師有作為而廣交遊，陰命陸建章賄以鉅金四十萬，使另組新黨，以削弱國民黨之勢。海師不為所動，嚴詞斥之，且曰：「我身為國會議員，係代表國民謀國利民福而來的，所以一切以國利民福為前題。希望轉告政府袞袞諸公，千萬不可把國家的金錢作為個人權利爭奪的費用。」（見鄒魯著「回顧錄」上册）其忠於國民黨及堅守國會議員立場的磊落襟懷和崇高志節，令人欽敬！

宋敎仁被刺案發生，上海地方檢察廳票傳國務總理趙秉鈞赴滬，他抗不到案，海師在國會中提案質問趙氏何以不到案接受偵查，質問書傳遍各方，中外震驚。四月，又有袁政府向五國銀行團借款二千五百萬英鎊之善後大借款案，他於借約咨送國會當天，卽提案彈劾，指全體國務員，均違法失職，應全體罷免。五月，中俄協約案發生，根據該約，使中國在外蒙古的權益盡失，他又提質詢，斥袁政府喪權辱國，義聲震動中外。（參見鄒魯著「回顧錄」上册及「澄廬文選」）

七月，二次革命爆發，袁世凱密令把他逮捕，他用計逃往天津，南下上海。旋奉　總理之命，回粤協助陳炯明在廣州討袁。海師在國會雖為時不久，但所表現的這種剛強而充滿正義的精神，眞可與他的先賢鄒應龍和鄒括先後媲美。

民國三年春，討袁失敗，海師乃東渡日本，入早稻田大學研究班深造，旋佐　總理組中華革命黨，同年五月中華革命黨在東京創辦「民國雜誌」，奉總理命與胡漢民、居正、朱執信、戴季陶等共主筆政，在先後出版的六期中，海師發表專文，對袁世凱政府的內政外交，聲罪致討，義正詞嚴。其中「袁世凱之約法會議」、「今之所謂約法」及「袁世凱對內政策」三文（見「鄒魯文存」），對袁世凱設立約法會議，妄改約法，尤依據法理，痛予駁斥，並列舉事實，揭發袁世凱「愚民」、「浚民」、「殘民」及「抑民」之罪行。海師擁護中華民國約法及維護民主的忠肝義膽，眞可永垂史册。

國民黨容共之由來

蘇俄十月革命（俄曆十月係一九一七年十一月）成功，頗受列國歧視，方孤立無援之時，總理首先致電祝賀。列寧感動，派專使馬林於民國十年謁總理於桂林北伐行營。十二年一月又派越飛謁總理於上海共同發表宣言。中有「孫逸仙博士以爲共產組織，甚至蘇維埃制度，事實上均不能引用於中國，因中國並無使此項共產制度或蘇維埃制度可以成功之情況也。此項見解，越飛君完全同感。且以爲中國最要最急之問題，乃在謀民國的統一之成功，與完全國家的獨立之獲得。關於此項大事業，越飛君並告孫博士，中國當得俄國國民最摯熱之同情，且可以俄國援助爲依賴也。」越飛並表示，如允許中國共產黨爲國民革命效力，他願勸中共放棄原來主張，共同從事革命。中共亦懇切表示信仰三民主義，願以個人資格加入本黨。總理本「天下爲公」之義，凡願爲三民主義之實現者，無不歡迎加入，此乃容共之由來。

鮑羅廷恨他入骨

迨總理逝世，中共黨員篡黨的野心畢露。政治顧問俄共鮑羅廷利用汪精衞任政治委員會主席，於政治委員會議決制定國民政府組織法之日，即席選汪爲國民政府主席，汪逆成爲鮑之傀儡。海師及林森、鄧澤如諸先生見報，始知政治委員會議決成立政府，即在中常會向汪質問：中常會並未議決成立國民政府，何以政治委員會謂依據中央執行委員會決議成立？汪自認程序不合，以後不再如此，請中常會予以追認。鮑羅廷因此恨海師入骨，始則提統一財政，以扼海師主持之國立廣東大學（後改名爲國立中山大學）的經費，繼則誣爲刺廖仲愷先生的主謀，開名單交特別委員會飭人逮捕，特別委員會因無佐證予以拒絕。當時適逢五卅慘案之後，舉國咸忿帝國主義者的殘暴，展開打倒帝國主義運動，鮑以廖案誣海師的目的未達，乃又嗾汪向中央建議，派海師及林森先生率農工商學代表北上宣傳。海師明知鮑施借刀殺人之計（按指北京政府），但以廣州中央黨部爲共產黨所把持，不能行使職權，且可乘機與在滬的中央委員交換反共意見，乃毅然與林森先生率各界代表北上。

策動西山會議

海師在廣州深知共產黨的詭計及其陰謀，到上海後，他和林森先生立即和亦洞悉共黨奸謀在滬中央委員戴傳賢、葉楚傖、謝持、邵元冲諸先生共同商議，定於民國十四年十一月二十三日召開第一屆執行委員會第四次會議於北平西山碧雲寺總理靈前，是曰「西山會議」。中央執行委員二十四人，除胡漢民先生在俄，熊克武先生不能參加，李大釗、譚平山、于樹德、林祖涵係共產黨，不許出席外，實際上只有十八人。這十八人中出席西山會議的，計有海師和林森、居正、覃振、石青陽、石瑛、葉楚傖、沈定一、戴傳賢、邵元冲諸先生等十人（正式開會時，戴、邵兩先生未及參加）。李烈鈞先生雖未出席，却電表贊成。所以未出席也未表示贊成的，只有譚延闓、柏文蔚、王法勤、于右任、恩克巴圖、丁惟汾諸先生和汪精衞等七人。中央監察委員五人，出席西山會議的，有張繼、謝持兩先生，吳敬恒先生署名通電召集西山會議，並於西山會議第一次預備會出席，且任主席。鄧澤如先生雖未到會，却暗中資助，只有李石曾先生和西山會議沒有關係。候補執行委員出席者，則有傅汝霖、茅祖權先生。

西山會議如期舉行，會期十天，正式開會二十二次，曾發表宣言，說明西山會議的主張，其重要決議有：「取消共產黨在本黨之黨籍，解僱顧問鮑羅廷，停止汪精衞黨籍及開除共產黨籍中央委員李大釗、林祖涵、譚平山、于樹德等」，均旨在清黨。爲慮及導致黨內分裂，乃由海師起草致書廣州同志，略謂：「自前年共黨加入以來，黨內杌隉，無日或寧，直至今日，殺機盡露，迫逐之事，屢見疊出，凡此數十年革命僅存之同志，在共黨未加入以前，未見離異。今則受其挑撥離間，實爲不可掩之事實。……近月以來，更不堪問。黨權不在黨部最高之中央執行委員會，政權不在最高之國民政府，悉集中於鮑羅廷之手，以政治顧問操縱政治委員會。而鮑之所有措施，須先決於共黨。與其謂共產黨加入本黨，毋寧謂本黨附屬於共黨爲眞實。此不獨本黨同志痛心，卽中外人士莫不痛惜，本黨同志若不大澈大悟，謀根本之救濟，速與共黨劃然分開，滌除盡淨，再過一年，恐靑天白日旗必化爲紅色矣。」（以上參見鄒魯著「回顧錄」上册第十五、六兩節）嗣廣州方面，曾有成立五院之議，邀勸海師及在滬各中央委員回粤，海師堅持不淸共誓不應允。其後以淸黨意見一致，本黨始復歸於統一。海師堅決反共，足爲當世木鐸，實堪崇敬。

「將黨帶到了北方」

今年二月十日中央黨史會在中正紀念堂舉行鄒海濱先生百年誕辰口述歷史座談會，陳立夫先生曾談到西山會議，他認爲在西山會議中，海師也是一位重要人物。西山會議是一項反共會議，當時在廣東的有　蔣公、汪精衞等，他說：「　蔣公是堅決反共的，而汪精衞是左派，與中共勾結。……海濱先生却不然，他是三民主義的信徒，原本在北方的革命先進，對於廣東情形不甚了解，對　蔣公也不免有點誤解，使他的處境很感困難。但是經過了西山會議，北方反而可以宣揚三民主義了。」因此，立夫先生認爲：西山會議對國家的貢獻很大，「因爲將黨帶到了北方」。

由這段往事，立夫先生說：「海濱先生在北方倡導反共，對廣東是很有幫助的，因爲廣東不敢公開反共，而海濱先生等拿出反共旗幟，對　蔣公的幫助是很大的。」他認爲海濱先生在北方公開宣傳三民主義，最大的好處是可以揭穿共產黨在廣東的陰謀。在北伐統一後，立夫先生曾經在演講中提到「西山會議對革命成功有很大的貢獻，革命力量能到達北方，海濱先生的貢獻最大。」（見「近代中國」第三十九期）

立夫先生的談話，認爲西山會議將三民主義和本黨帶到北方，海師在北方倡導反共，對廣州及蔣公的幫助是很大的，西山會議對革命成功有很大的貢獻，而海師的貢獻最大，洵言人之所未言，特具卓見，令人敬佩！所以我願意加以引述，以印證海師對黨國的貢獻。

草擬太原約法

民國十九年海師從日本赴北平，參加六月召開的擴大會議，後至太原，他曾日夜擬訂「太原約法草案」，全文有八章二百一十一條，刊載大公報並指出約法的基本精神說：「……草案全部實能恪守總理遺教，適應於訓政時期之實施。蓋草案全部，以建國大綱爲綱領，而根據之以訂條目。建國大綱注意於滿足人民之需要，訓導人民之智識能力，使之能自決自治，故草案於人民之自由權利一章，詳爲保障與規定，使能自動的完成個人之人格，而擔當國民之大任。建國大綱注重於以縣爲自治單位，及中央與省之權限，採均權制度，故草案於國權及中央制度地方制度諸章，悉準此旨以釐訂。……此外更依據總理遺教，見諸建國方略及第一次全國代表大會宣言者，訂爲教育、生計兩章，以期養成民德、民智、民力，而馴致於民生主義實行之域。」（見鄒魯著

「回顧錄」下册）力行法治，是海師向來的主張。草擬約法，以完成訓政，實現法治，更是他的願望。爲了闡釋約法草案的眞義，他又寫了一篇「約法說明」，把約法內容，分章逐一解釋，俾便國人有進一步的了解。雖然此一約法草案，未經制定施行，但它的內容，充分表現了海師對國父約法思想的體認和他對實施憲政的熱忱，其中如規定以建國大綱爲綱領，實施五權制度、保障人民之自由權利、注重地方自治、中央與省採均權制度，以及注重教育、生計等，尤值得注意。所以，在民國三十三年研究「中華民國憲法草案」時，海師曾再將「太原約法草案」刊行，以供各界參酌。（以上見鄒魯著「回顧錄」下册、「澄廬文選」及「鄒魯文存」）

民國二十八年三月，海師以「吾黨一以貫之」爲題，在中樞紀念週發表演說，強調指出「地方自治爲實施憲政之基礎，爲施行全民政治之基礎。易辭言之，亦卽實行三民主義五權憲法之基礎。」「　總裁明示本黨同志，應遵照　總理昭示，須讀禮運與大學中庸等書，明示縣以下之黨政機關關係，急切實施地方自治，完成全民政治，卽係以實現『吾黨一以貫之』的精神。」（見鄒魯著「澄廬文選」）反覆說明本黨一貫之主張，卽在爲全民造福，不論是三民主義、五權憲法或地方自治，莫不皆然。

鼓吹地方自治

民國三十二年九月，海師在十一中全會，提出「召集國民大會實施憲政案」，內云：「總理實行革命，以創立三民主義五權憲法之中華民國爲鵠的。建國大綱中規定『授政於民選之政府，是爲建國之大功告成』。　總裁於抗戰六週年日告聯合國民衆書中，更進一步聲稱：『戰後的世界，必須創立一個保有充分國際武力的和平機構，以確保世界正義與集體安全，並藉以推進世界的民主政治。』由此可見本黨政策，不但在國內實施民主政治，並期推行於全世界，爲全人類謀眞正之自由平等。……現勝利之降臨，期在指顧。建國時期中，更須全體國民思想能力之集中；而推進世界民治主義之工作，尤不可緩。故召集國民大會，實施憲政，實屬必要。如是全體國民，必更團結，卽　總裁迭次對外宣言中之主旨，亦可實現。使友邦對於我國，益加信服，能共同努力，以確保世界正義與集體安全。」（見鄒魯著「澄廬文選」）凡此言論，均顯示海師在抗戰期間對採行自治，鼓吹不遺餘力，也說明了他對民主憲政的執着。

由上所述，我們當可了解海師的民主思想乃孕育於青年讀書時期，迨參加革命，爲黨國服務，不但可以看出他在廣東諮議局工作及擔任國會議員時期，爲維護民主所表現的膽識，更可以從他的言論與史實中，體認他的民主憲政思想，不僅要在國內實施民主政治，爲全民造福，還要推行於全世界，謀全人類的自由平等。海師對於民主憲政卓越的識見，遠大的眼光，和他鍥而不捨所付出的心血，堪稱爲一位忠於三民主義信仰的民主憲政篤行者，在中國憲政史上，留下了不平凡的一頁，永遠値得我們懷慕。

（民國七十三年四月）

義道擔肩鐵

振　覃

覃振先生早年參加同盟會，先後追隨　總理、　總裁，致力革命，是一位性行灑脫、豪邁率眞、富有膽識的革命先進。他因同鄉關係，與共產黨首要份子曾有交往，而後來却又堅決反共，足見其是非分明，大義所在，不稍瞻顧。玆值覃先生百歲誕辰之時，爰將其投身革命及對黨國的貢獻，擇要簡述，以見前輩人物立身行事的風範。

投身革命

覃振先生原名道讓，字理鳴，一八八五年（民前二十七年、清光緒十一年）生於湖南省桃源縣。因覃字讀音不同，有讀「譚」（ㄊㄢˊ）音的，湖南人就姓氏音讀作「琴」（ㄑㄧㄣˊ）音，所以有人提起「覃振」，如果有陌生人在座，或須加一番註解，覃先生亦嘗以詼諧語調自作介紹：「鄙人的姓是譚組庵（譚延闓字組庵）無言」，頗饒風趣。

覃先生父雲山，爲邑名宿。先生性聰穎，一九〇〇年十五歲時已博覽羣書，鄉先輩咸以大器許之。不幸其父母先後逝世，哀慟之餘，激刺甚深，發爲孤憤。時值庚子之變，八國聯軍進入北京，舉國騷然。清廷腐敗暴露，先生目擊時艱，深感非推倒滿清統治，不能救亡。一九〇二年識宋教仁先生（字遯初，號漁父），志同道合，相交莫逆，日夕研討實行革命計畫。時黃克強先生在湘組華興會，密謀舉義，以宋教仁及先生爲湘西方面的負責人。一九〇三年入常德中學肄業，得讀日本輸入的新民叢報等，思想日開。後東渡日本，入東京宏文學校，從此卽改名爲覃振。

一九〇四年初，黃克強先生謀以華興會在湖南舉義，宋教仁被派主持常德方面重責，因函約先生回國協助，不幸計劃洩漏，未克大舉，即遭失敗，先生乃暫匿鄉間，與宋之昭女士結婚。旋以官廳搜捕甚急，復東渡日本。一九〇五年華興會與興中會合併，在 國父領導下成立同盟會於東京，爲指揮中國革命的統一組織，先生於是年秋加入同盟會，任評議部評議員❶。

追隨黃克強

一九〇六年黃克強謀在湖南瀏陽、醴陵、萍鄉起義，旅日同盟會員爭先回國參加，先生亦趕回長沙協助，預爲策動，一面聯絡新軍與各校學生，一面盡力宣傳，曾化裝在市衢販賣民報。當時湖南學界倡議公葬爲反對日本訂頒留學取締規則引起風潮蹈海而死的革命先烈陳天華、姚宏業於岳麓山，官廳極力壓抑，先生聯絡學界，奔走呼號誓不屈服，益遭官廳之忌，下令逮捕，幸預獲警界同志密報，得脫走，重赴日本。

一九〇七年，東京同盟會總部聯絡部長焦達峯爲了要實行革命，就在聯絡部下面附設一個團體，叫做「共進會」，發起人有焦達峯、張伯祥、居正、熊克武、趙聲等，覃先生也是發起人之一。共進會的會員十分之九都是同盟會的會員，是一個激進的革命團體，會務重點在結合長江流

❶ 見鄒魯著：「中國國民黨史稿」，五一頁。

域會黨的勢力，這對武昌起義，產生了很大的作用❷。

被捕入獄

一九〇八年，覃先生奉黃克強先生命回國至長沙謀再舉，不幸事機不密，竟被逮，鞫訊時各種刑具羅列，逼供同黨，以期一網打盡，先生滔滔抗辯，泰然不屈。由於搜查無確證，乃以終身監禁之刑定讞，繫長沙監獄。先生在獄中除吟咏詩章外，乘機向同獄諸人宣傳革命大義，甚至利用監獄會見親友時與外界同志聯絡，旋被遞解至桃源縣監獄。桃源爲先生故鄉，情形熟悉，獄中知其名者甚衆，因之乘機宣傳革命，外間同志如蔣翊武、劉復基等及常德、桃源各校學生來探視者尤多，隱然奉其爲領袖，故雖在縲絏，於外間情形仍多瞭然，且可相機策進革命工作。

一九一一年，武昌起義後，湖南響應，民軍都督焦達峯急電桃源縣護送覃先生至長沙商大計，遂獲自由，計被捕入獄歷四年之久。不幸長沙政變，焦達峯被殺，常德亦發生巡防軍慘殺革命同志事，湖南大局爲之動搖。先生抵達長沙聞訊，向新軍幹部沈痛陳詞呼籲精誠團結，切勿爭權奪利，大局始平。先生隨任湘桂聯軍督戰官隨軍北上。旋經黎元洪挽任秘書，代表黎赴南京商組織政府事。迨袁世凱繼　總理爲臨時大總統，向參議院提出國務員名單，份子複雜，覃先生迭電袁指正，措詞激烈，黎元洪恐袁誤會，特電撤銷其代表權，他乃以個人身份北上觀察，袁多方

❷ 見近代中國出版印行「宋教仁傳」，一三七頁；及「居正傳」，二三至二七頁。

籠絡，不為所動，而以大部份精力與時間協助宋教仁組織國民黨。

二次入獄

一九一三年春，覃先生當選為國會衆議院議員，對袁世凱的措施如大借款等極力抨擊。二次革命將發動，先生回湖南任中華革命黨湖南支部長❸。聯絡留日同志並陸續派遣同志回湘活動。至一九一五年（民國四年）秋，籌安會成立，覃先生奉命約留日學生集會聲討，發表反對宣言，旋遣同志吳梅先將來日收買學生黨人的袁系坐探蔣士立刺殺，日本警廳多方搜查，吳已秘密回上海，袁令駐日公使陸宗輿向日本交涉務獲兇手，中華革命黨人因此先後被傳訊拘押者百餘人，均無證據，旋偵知吳乃覃先生的學生，乃下令逮捕他，百般威逼凌辱，不予臥具及飲食。覃先生據理力爭，且斥日警野蠻，終以無指使證據，獲釋，然已被錮十四天，精神身體均受折磨。

一九一六年（民國五年）一月，覃先生奉　總理命以特派總司令主持湖南黨務軍事，乃率同志多人回上海，與龍璋、周震麟計劃進行，以誅除湖南督軍湯薌銘為目標。民國五年三月十九日，　總理曾致上海陳其美撥款覃振電，電文云：「覃振請款，可由湘款內撥洋二千為要」❹，又同年四月九日致上海陳其美囑撥款覃振電，電文云：「昨款多滙萬元，適覃振催款甚急，如有

❸ 見上述「居正傳」，八五頁。

❹ 見「國父全集」第三冊，三六六頁。

餘，請撥給數千」❺，可見　總理當時對湖南黨務軍事之重視，及對覃先生之倚重和支援。

不久，討袁獨立省區漸多，湖南有孤立之勢，湯薌銘乃央其兄湯化龍派人來婉商覃先生請勿操之過激，俟有機會當迎湘人返湘主政，但以保證湯安全離湘爲條件。覃先生以湯屠殺黨人太多，湘人稱之爲「湯屠夫」，當時仍殺戮如故，因峻拒其條件。而先生所派同志廖湘芸、楊王鵬在長沙因秘藏炸藥失慎，不得已，先期攻督署，不成，二十餘人死難，先生聞訊急自滬赴漢口，決心親往長沙指揮，而湯薌銘見民氣之不可抗，即僞裝宣佈獨立，冀緩和局勢。但先生謀之益急，同時程潛的護國軍已聲勢擴大，湯遂離湘。

主持湘省黨務

湯薌銘離湘後，譚延闓繼主湘政，中華革命黨同志回湘者頗多，覃先生爲便於公開活動並擴大聲勢，乃商承　總理允許，創立正誼社於長沙，設分支部於各縣市，推龍璋爲社長，自爲其副，團結同志，推進黨務。張勳復辟亂作，湘省同志多主北伐，覃先生創明恥日刊鼓吹之。

一九一七年（民國六年）七月北洋系之傅良佐任湖南督軍，湘人多反對之，覃先生乃與趙恆惕、林修梅等密商，並派廖湘芸赴湘西策劃，旋有林修梅等零陵獨立之舉。覃先生旋到廣東襄助國父護法，被任命爲湖南檢閱使，由粵回湘，部署湘西軍事。民國六年十月六日　總理復林德

❺ 同❹，三七九頁。

軒嘉慰率軍北伐電云：「知擬率所部北伐，熱忱毅力，至堪嘉慰，望即與覃理鳴君妥爲策劃，與在湘各軍接洽，勉事進行，以樹大勛。譚兼督處已另行電告矣」❻，由此可見， 總理對覃先生的倚重。覃先生復與入湘黔軍建立聯軍，終於擊敗北軍。

一九一八年（民國七年）三月，覃先生在湘， 總理於三月二日曾致電徵詢任吳景鴻爲湘西聯絡使意見， 電文云：「瀛四、正巳兩議員請任命吳景鴻爲湘西軍聯絡使， 兄及田議員助之，並發給債券若干，籌款接濟各軍，使傾向軍府，李茂吾兄亦贊同此意，是否可行？盼速以尊意見告」❼，可見 總理對覃先生的重視。同年五月， 總理辭大元帥職赴滬，覃先生亦往滬。

一九二〇年（民國九年）十一月， 總理重蒞廣州，召集國會非常會議，覃先生隨往參加。翌年五月， 總理就任非常大總統，覃先生被任命爲總統府參議兼法制委員。是年冬， 總理蒞桂林指揮北伐，派覃先生主持湖南黨務。

一九二二年（民國十一年）十月， 總理準備改組中華革命黨爲中國國民黨，指定丁惟汾、陳樹人等九人爲改進方略起草委員，覃先生亦被派爲委員❽。一九二四年（民國十三年）一月，本黨舉行第一次全國代表大會，覃先生被選爲中央執行委員，自後二、三、四屆均當選連任，第

---

❻ 見「國父全集」第二冊，四七二頁。

❼ 同❻，五二八頁。

❽ 見陳錫璘著：「細說護法」第一冊，三一七頁。

五、六屆則被選爲中央監察委員。

一九二四年覃先生奉命爲本黨漢口執行部常務委員，辦理湘鄂陝甘黨務，親至漢口設執行部於日租界。是年秋，熊克武奉孫大元帥命爲建國聯軍司令，率川滇黔各軍入湘西，與湘西鄂西招撫使林支宇會於常德，河南督軍胡景翼亦派代表來會商會師武漢計劃，湖南省長趙恆惕以客軍羣集境內爲苦，覃先生奉孫大元帥命回湘斡旋，終獲協調。翌年春，聞　總理逝世，急北上祭奠。

公餘俱樂部

一九二五年（民國十四年）三月，總理逝世，本黨苦干居留北方的舊國會人士曾組織「公餘俱樂部」，隱然成爲國民黨在北京的中心，覃先生爲主角之一。同年十一月，覃先生參加國民黨第二屆中央委員在北京西山舉行的會議，以及根據此一會議在上海設立的中央黨部工作。從此覃先生卽屬於反共的所謂西山會議派。

一九二七年（民國十六年），本黨實行清黨，寧漢分裂之局復合，中央成立特別委員會，覃先生是上海方面中央黨部提出參加此一特別委員會六位中之一，並被選爲宣傳部長，旋辭職赴滬。

一九二八年（民國十七年）六月，北伐成功，南北統一，覃先生移家北平，參加所謂「擴大會議」。一九三一年（民國二十年）九一八事變發生，先生鑒於非和平統一，不足以禦外侮。適廣州有非常會議之召集，因即南下赴粵，力主團結禦侮。是年十二月，本黨召開第三屆中央委員第四次會議，決議改組國民政府，先生被選爲立法院副院長、代理院長。

一九三二年（民國二十一年），居正先生任司法院院長，覃先生被選爲副院長兼中央公務員懲戒委員會委員長。一九三四年（民國二十三年）出國考察司法，歷英、法、德、義、美諸國，對於改革司法問題，建議頗多，並發起組織中華民國法學會。

抗戰軍興，覃先生隨國府赴渝，一九三七年（民國二十六年）曾辭去兼職，專任司法院副院長。一九四三年（民國三十二年）膺國民政府委員，翌年復兼公務員懲戒委員會委員長。

覃先生在渝患哮喘歷久不愈，一九四五年（民國三十四年）抗戰勝利，乃飛滬就醫，卒以沈痾太深，竟於一九四七年（民國三十六年）四月十八日逝於上海，享年六十二歲。

從提携共產黨人到唾棄共產黨人

一九二四年（民國十三年）春，覃先生奉命主持湘鄂陝甘四省黨務，在湖南方面，他着手以學界和工界爲對象，並經與林祖涵、包惠僧、彭素民商妥以劉少奇（係工團聯合會主任）爲國民黨湖南工界分部籌備主任，夏曦爲學界分部主任。同時爲使夏與工界能密切配合，特另委以國民黨漢口支部宣傳委員，劉、夏均係共黨份子，因此共黨得以假藉國民黨名義在湖南積極活動❾。

❾ 見傳記文學第八卷第四期，吳相湘撰：「西山會議二健將——謝持與覃振」。

覃先生雖有就地誤用共黨份子使其勢力日漸擴張之嫌，但此爲國民黨容共時期。

毛匪澤東，在中國國民黨容共之初，始爲後補中央委員，繼而參加中央宣傳部擔任秘書，由於覃先生篤於鄉誼，喜提携後進，對毛不免有「愛才」之念，因此毛與湘籍黨政人士往還，大率由於覃先生居間作介。及毛顯露共匪眞面貌後，覃先生卽不與其發生關係。如衆所週知：覃先生是西山會議主要人物，反共先鋒。據接近覃先生的人說：覃先生每聞人談及匪幫的殘暴時，必怒形於色的大事責罵。一提到毛匪，輒搖首太息，連珠般的說出「不成東西」、「流氓地痞」、「土匪行徑」不已。所以覃先生還是有公私之分，是非之辨⑩。

解衣推食重道義

覃先生早年參加革命，與其同鄉宋敎仁同馳聲譽，深爲　總理所稱許，對重要黨務及軍事，嘗徵詢其意見及畀予重任。先生在致力革命歷程中，幾經艱難險阻，甚至被捕入獄，達數年之久；但於窮困流亡中，仍不變其革命的初衷。平日喜放言高論，慣引俚語爲譬喻辯證，鞭辟入裏，俗不傷雅，凡有先生在座的聚會，每談笑風生，聲遠戶外。北伐成功，國府奠都南京，成立五院，先生出任司法院副院長，院長爲居覺生（居正）先生。傳聞先生曾向居院長開玩笑：「閣下姓名好，應該做大太太，我爲副室，是姨太太」，引起在座的人哄堂大笑，諸如此類，可見其

⑩參考傳記文學第十四卷第四期，胡耐安撰：「歡樂歲月覃理鳴」。

詼諧性格。覃先生對同志的愛護，眞做到「解衣推食」。民十五北伐前，在北洋軍閥權力角逐下的革命低潮時期，滯留在上海的黨人，莫不窮窘不堪，意志不堅定的人，難免不窮極斯濫。先生侷促於法租界望志路小樓一角間，瀟灑倜儻，依然故我。友好過從，必強留飯，當主客周旋之際，傭婦抱衣物由後門走向當舖典質，備買菜沽酒之用，先生還是談笑自若，充滿樂觀的情趣。

覃先生對同志故舊，極富熱情，如安置宋教仁的公子於公務員懲戒委員會，提携護持，比自己的子女還要親切。後來宋公子病殂，又一手爲之料理喪事，照顧遺族，全始全終，無愧老友，在涼薄之世，有此死生交情，眞是難能可貴。

不挖痛脚、不挑瘡疤

覃先生最難令人忘懷的，是他那隱惡揚善的美德，與他交往甚久的人，絕未聽到他口裏說出某一人的私惡。如遇他人信口批評，他認爲是迹近誹謗，尤其對頗有成就的人偶有失德，必懇切婉轉的加以勸止，不要挖痛脚挑瘡疤。但對某一人的寸長片善，到處揄揚，若恐不及，頗有西漢鄭當時（鄭莊）的風範，以是衆人翕然稱之。至接見後進晚輩，於親切寒喧中，脫落形迹外，一無拘束，儘可盡情笑談，坦率溫存，充滿熱情。

覃先生擔任司法院副院長時，雖居高位，可是仍保持革命家的困乏本色，生平旣不經營產業，官俸是隨手花用，故舊過從，在留飯勸酒喊加菜的時候，常由厨子解囊出資。一直到走完了革命路程的最後一刹那，逝世後眞正是家無餘財。「壽終正寢」寓所的上海愚園路實業新邨的住宅，並不是自有的產業，所遺留下來的，只是友好間的五個字讚語「鐵肩擔道義」⑪。

覃先生歷任本黨第一至四屆中央執行委員，第五、六屆中央監察委員，我在六全大會時，始被選爲中央執行委員，自屬晚輩，由於會後不久，奉調派爲中央黨部副秘書長，因工作關係，與覃先生才稍有接觸，但承教的機會並不多。不過我的恩師鄒校長海濱先生和覃先生都是民初國會議員公餘俱樂部（當時隱然成爲本黨在北京的活動中心）的主要份子，又是民國十四年西山會議反共的健將，民國十六年中央特別委員會的委員，民國十七年一起參加擴大會議，民國二十年都參加廣州非常會議，極力反共並致力促成本黨團結，他們的公私關係，非比尋常。再者居覺生先生和覃先生都是同盟會的重要份子，民國二十年分任司法院正副院長，彼此關係也極密切。來臺後我和海濱校長、居覺老都住在浦城街，假期或晚間常到他們寓所請教，品茗暢談，曾不止一次聽到他們細說覃先生生前動人的嘉言懿行和幽默詼諧的故事，使我對覃先生的生平，增加了不少的了解。

鐵肩擔道義

尋繹覃先生的生平事蹟，他是一位在平凡中而又不平凡的人，他瀟灑率眞、不矯飾、不虛

⑪ 同⑩，並參考暢流半月刊第三卷第四期，遯園撰：「懷覃理鳴先生」。

僞、超脫世俗，別具風格；而待人接物，溫存親切，充滿人情味，難怪覃先生過從較密的人，都說他有「鐵肩擔道義」的風範。因此，使我想起司馬遷在史記「汲鄭列傳」所說的話：「一死一生，乃知交情；一貧一富，乃知交態；一貴一賤，交情乃見」，與人交往，一以道義爲準，不顧生死，更遑論富貴與貧賤，衆人皆翕然稱之，誰曰不宜。

（民國七十四年三月）

七十載革命歲月

馬超俊

右：馬超俊先生於民國前二年隨侍　國父由臺北乘輪赴日，攝於甲板上，前排右二爲馬先生

左：馬超俊先生於民國三十八年，陪同　蔣公遊阿里山合影

上：馬超俊先生於民國十一年五月，奉　國父密令率機工領袖赴長江流域策動勞工響應北伐，抵上海時攝影，中坐者爲馬先生

下：馬超俊先生與著者合影

馬超俊先生，字星樵，粵之臺山縣人。是一位出身寒素、艱苦奮鬥，由一介勞工，以至翊贊中樞的黨國先進。他歷任黨政要職，至有貢獻。且其賦性敦厚純樸，樂於助人，熱心公共事務，蘊積爲勞工謀福利，爲僑務而盡力，迄晚年猶爲同鄉而服務，義氣豪邁，慷慨風高。故識者多不呼其名，而以「星老」稱之。我和他是同鄉、同志，同爲黨國服務。來臺後，在我主持海外黨務及僑務工作時，常晤面請益，親如師友。今值星老百齡冥誕，謹就其生前言行有關資料而印象深刻者，分別敍述，以印證星老何以有此成就與貢獻，藉以表達我虔誠的追思與景仰。

工讀生涯

據星老自述：他的高曾祖以後數代，都是務農而兼木作。他的大伯韶賢，於鴉片戰爭後，憤清廷腐敗，曾隨洪楊舉義，戰死於江西湖口。他的二伯蔣賢，刻苦而有遠志；響應徵工赴美，亡於海外。他的父親接賢公，亦續赴美，在西加市華利金礦工作。民前二十六年（公元一八八六年）十一月二日（農曆九月二十日），星老生於廣東省臺山縣南葫鄉上南葫村。當時他的祖父病劇，他父親正患胃潰瘍，聞訊扶病歸里，不到一年，竟痛棄養。星老尚未周歲，兄姊均年幼，一門孤寡，家徒四壁。星老最年幼，穿着均爲兄長舊衣，殘破不堪，不免捉襟見肘。八歲啓蒙，比村童入學爲遲，因家貧，嘗在春秋農忙爲人放牧。有時亦幫鐵匠拉風箱，逢年過節，或作糖菓小販，賺取零錢，以供束脩。十歲時，家益貧，乃黯然輟學，拉風箱便成其專業。胼手胝足，不以爲苦，兩年操作，身體反而益爲壯健。迨其兄赴加拿大傭工，滙款回家，始得復學。塾師是留美歸國華僑黃世銘，督課甚嚴，星老爲其執炊事，特邀殊遇，誦讀兩年始講解、作文，潛心苦讀，日有進境。

星老塾師於課讀之時，嘗議清廷內政不修，招致外侮，馴至義和團興起，揚言扶清滅洋等事，並預言將釀成大亂。星老得其啓示，深感國家興亡，匹夫有責，遂有出外吸收新知，充實自己，報效國家之志。十五歲，離鄉赴港，傭於九龍船塢馬宏記機器廠，初役茶房，不久轉爲學徒，雖操作忙碌，但有實習機會。時香港中環閣麟街有一所「少年學社」，類今之補習學校，星老入社補習中、英文。嗣悉該社係屬「洪門」會黨的一個組織，暗與 國父領導的興中會相通，主持人是黃世仲、伯耀昆季。黃世仲學識淵博，熟諳洪楊掌故，著有「太平天國演義」一書，鼓吹民族思想。社內課程除授中、英文外，還有西洋革命史與理論一科，講授深入淺出，學子爲之神往。星老經此兩年苦讀，由於英文識字日多，漸通機械圖解，學技得以並進。該社修習塑模、車工、磨工、鉗工、刨工等部門課程，原定三年卒業，星老因勤敏耐勞，力爭上游，深獲各部主管賞識，准予躐等，卒在兩年學畢。

我之所以先述星老幼年的境遇和少年的工讀生涯，即在說明星老奮鬥精神的養成，和他自己就是工人出身的原委；所以後來才能奮不顧身，參加革命工作，以及與勞工共甘苦，領導工運，參與革命行動。

不願僑居異國

星老少年時代，由於塾師黃世銘及少年學社領導人黃世仲的啓導，民族思想經已萌芽。少年學社會友日多，交遊漸廣，如與中會的鄧三伯及中國日報主持人陳少白等，皆在此時結識，對國父倡導的主義及救國救民大計，時有所聞，引起仰慕之心。

星老在「少年學社」學藝旣已卒業，社會活動增強，漸覺此間天地狹小，乃思遠渡重洋，以廣見聞。十七歲時，得其姐夫黃昌釗資助，由香港乘輪赴三藩市，甫登彼岸，移民局不准入境，幽禁海關木屋，歷二十五天，賴戚族延聘律師訴直始釋。被扣期間，遭受外人凌辱，憤恨交併。星老一生不願僑居異國，實與此次受辱創痛有關。星老被釋後，初在三藩市寶榮昌和盛號理雜務，繼往「庇利魯魯機器製造廠」工作，駕輕就熟，勝任愉快。

國人在美鼓吹革新本國內政的組織，就三藩市而言，以洪門系統的致公堂聲勢最大。致公堂大哥（洪門領袖）是黃三德，在星老進庇利魯魯製造廠工作三個月後，黃氏命人邀星老相晤，星老因有香港「少年學社」的前緣，允受羅致，曾義務兼任該堂所辦的「大同日報」記者。

民前七年春，國父訪美抵三藩市，黃三德介紹星老謁見。當時保皇黨人密告清廷駐舊金山領事何祐，照會當地海關關吏，圖禁國父入境，嗣得黃三德、唐瓊昌力助斡旋，始安全登岸。因此洪門兄弟盛傳國父在檀香山已參加洪門組織，星老認爲「國父才識過人，一切爲諸革命，對洪門之兼收並蓄，無非權宜達變，渠固可容洪門，而洪門實無以容其大也」。據鄒海濱先生所著「中國國民黨史稿」所載， 國父在三藩市登岸後「乃遍遊各埠，聯絡洪門，並代改訂致公堂章程，第二章第二項曰『本黨以驅除韃虜、恢復中華、建立民國、平均地權爲宗旨』；蓋當時將致公堂完全改爲本黨之性質，故同時實行總註册」，使其參加革命，則星老之言，洵信而有徵。星老謁見 國父後，對 國父偉大的救國思想，精闢的政治理論，益爲仰慕。

民前六年五月，星老由三藩市乘輪赴日，至橫濱登岸，即訪同鄉溫炳臣先生，並道再求深造之意，深蒙嘉許。同年秋，試考明治大學政經科，幸被錄取。不久，經溫氏先容並由其陪同前往橫濱七十六番地晉謁 國父，當承賜見，對星老遠道由美來日深造，及有志革命工作，備極嘉勉，自後則常有聽訓機會。 國父曾對星老談及當時一般青年對參加革命「或聞而生畏，不願參加。不過吾人切要明白，惟有人人皆抱定犧牲決心，始能拯救國家民族」。星老在入黨以前，就領悟了革命必須抱定犧牲的決心。不久， 國父命星老加入同盟會，由溫炳臣、陳澤景兩先生具名介紹， 國父親主盟誓。從此，星老經常拂曉從橫濱乘火車往東京明治大學上課，晚上則來橫濱 國父下榻處聽訓。星老畢生矢志爲黨國奮鬥犧牲，即由此時開其端。嗣後服從 國父領導執行革命任務，出生入死，竭盡心力，雖赴湯蹈火，在所不辭。星老志操之堅定，令人欽佩！

星老參加革命，老而彌堅，可述的事蹟，難以罄書，現舉要如左：

領導工運

星老在明治大學攻讀第三學期時， 國父以革命事急，默識星老有基層工作的領導才能，因面諭其輟學歸國，策動工運。星老毫不猶豫，銜命就道。由於過去在香港「少年學社」的人緣和地緣關係，先勸粵港機工同業迅組社團，旋滲入漢陽兵工廠、上海製造局充技工，伺機喚起機工，聯絡幹部參與革命，嗣後各地勞工，均聞風向義，傾向革命，故由來有自。香港研機書塾，廣東機器研究公會，皆於星老歸國的次年成立，開我國工人團體組織之先河；而 國父領導革命，粵桂歷次起義，得此二機工團體的助力甚多。

民國六年秋， 國父護法南下，以星老秉革命熱誠，策動工運均有成就，遂將本黨勞工運動之任，委由星老負責，經他詳加研擬，爰訂工運原則八項，如扶植工會組織，規定標準工時，倡導工人福利，輔辦工人教育等，經 國父裁可，迄猶爲本黨勞工政策的基準；而星老篤履實踐，發動海內外機器工人籌建全國機器總工會會所，並主持廣東機器工人維持會，健全基層組織，協助達成香港機器工人大罷工的勝利，於是粵省工運隨之蓬勃，全國各地工運從而蔚起。

桂系軍閥自 國父於民國七年離粵後，即阻礙工運的發展。民國九年，粵省工人揭櫫「打倒桂系軍閥」的口號，並以罷工行動截斷桂系軍事運輸，配合各省義師平定粵亂，星老實居間爲之策動。粵局底定，星老乃脫征袍，再返工運崗位，領導勞工爲合理改善生活待遇的交涉，大收勞資協調之效。同時倡導勞工教育，爲機器工會創立補習學校、工人子弟學校。民國十一年，贊助香港海員罷工，獲致光榮的勝利。並密派工運幹部馮次亭等數十人分赴粵漢、平漢、津浦各鐵路聯絡，北方工運亦趨澎湃。

民國十三年， 國父爲謀求全國和平而北上，星老隨行，奉命負責民運、工運等工作。 國父臥病北平，星老在侍疾百忙之中，猶號召全國各省區工會聯合會於民國十四年三月一日召開成立大會於北平，實開全國性工人團體組織之先河，爲 國父病中所深慰。

民國十六年，北伐勝利，底定江表，中樞電促星老自美返國。淸黨以後，積極推展本黨勞工政策，經中央常會推星老爲勞工法起草委員會召集人，國民政府並任星老爲勞工局局長，是爲我國勞工立法與勞工行政最初的建制，悉畀星老董其事，經始創新，宏規以啓。民國十八年五月，星老奉派以勞工代表出席國際聯盟勞工會議，是爲國際勞工會第一次邀請我國參加。國際勞工局設中國分局於上海，就是星老的提案之一。會後，星老周歷歐洲英、法、德、義諸國，與各國勞工領袖相會晤，國際勞工的聯繫，實亦星老所創啓。是年八月返京，經中央政治會議推派爲立法委員，兼勞工法起草委員會召集人，所以勞工法的起草，星老亦爲最早的起草人，對我國勞工法的制定，確有貢獻。

民國二十七年在抗戰時期任中央社會部副部長，二十九年調中央組織部副部長，均以灌輸三民主義爲啓發勞工的要旨，先後在各省設訓練班， 訓練勞工幹部五萬人， 分發淪陷區及後方工作，爲勝利復員後發展全國工運工作作奠基。

民國三十五年十二月，調任中央農工部部長，當時農工部係新成立機構，編制雖小，僅有三十餘人，而星老延攬人才，策劃工作，別具慧眼。並先後成立工運及農運計劃委員會，聘請有才識與經驗的工農運幹部及學者專家參與工作，以輔助專職人員人力識力之不足。星老平時對工作同志鼓勵勗勉，愛護備至，因之士氣旺盛；對於各省市農工團體工作幹部書信的來往、意見的溝通，亦至爲周洽。在此時期，積極督導各省市總工會及全國性的鐵路、公路、郵務、鹽業、工礦等總工會迅速組織成立，並綜合成立全國總工會，全國工人合法領導機構於以確立，本黨扶植勞工發展的政策，次第完成。並先後赴東北、華北、西南各省及臺灣視察黨務工運農運，風塵僕僕，曾無少休。

星老自己是勞工出身，生平唯一職志是致力勞工運動。故於勞工組織、勞工立法、勞工行政，與國際勞工聯繫，無不以星老爲率先倡導的第一人。凡民主先進國家所注重的勞工福利、勞工教育、勞工保險，星老無一不參究其良法美意，針對我國國情，釐訂政策，見諸立法，推行於全國。識者尊稱爲「勞工之父」，實當之而無愧。

參加革命戰役

星老奉 國父之命，輟學回國參加革命戰役，備極艱險，茲擇要簡述如左：

㈠鎮南關之役：民國前四年，星老赴安南（現稱越南）謁　國父，奉命參與鎮南關之役，經西貢時，與黃隆生等相晤，旋抵左州，會合黃明堂所部。是役在　國父親臨戰地指揮之下，曾一舉攻陷鎮南、鎮中、鎮北三所砲臺。後以彈盡援絕，衆寡懸殊，撤入北越。星老走芒街、欽州、廉州、乾體、高德而至北海，月餘餐風露宿，吃盡苦頭。因在各地藉傳教掩護鼓吹革命，先遭欽廉道臺郭人璋拘捕、迫供、判死，幸由浸信會牧師馬叔賢會同美籍牧師夏士咕營救保釋。繼在北海時，又遭當地警局逮捕，解送海口大鷹沙新軍統領冼廷英部審判，星老慷慨陳辭，勸其棄暗投明，精誠所至，冼爲動容，同情革命，竟贈星老川資百元，密縱離於海口，搭輪返回香港。

㈡黃花岡之役：民國前一年起義之前，星老抵穗，分訪黃克強、胡毅生、姚雨平諸先生，至三月二十八日，始知決定翌日下午起義，隨卽跟查運送械彈的交接詳情，次日準時携械隸選鋒第三隊，向巡警教練所進攻，奮勇蹈厲，所向無敵。迨黃克強先生率領一隊攻入督署復殺出時，與之會合。而當時隊形已呈散亂，且戰且走。到雙門底，適遇巡防營隊，雙方遂起混戰。至夜，因衆寡懸殊，陷入重圍，故戰死或被虜者皆有之。星老因識途，乘機循文明門、小東門、糙米欄而至東堤，渡過河南，轉順德、勒流、江門、澳門，於四月十日逃抵香港。

此役乃本黨第十次起義，傾大部份人力物力付諸一擊，不幸失敗。星老悲憤塡膺，傷心無已！因爲過度疲憊，抑鬱刺激，致患血逆溢，幾瀕於危。復經兩個月療養，始獲康復，星老在世時談及此事，不啻恍如隔世。猶憶民國二十年三月二十九日，中樞紀念黃花岡七十二烈士大會，中央常會推派星老報告。他將當時躬親運送彈械，參加起義經過，及所見聞的可歌可泣事實，翔實報告後說：「我在此次舉義中，係自充選鋒三隊參加之一人。瀕臨失敗之際，突圍脫逃，未以身殉，殊無顏以對先烈。憶當年同志，惟知有民族、有主義，不知有個人、有私見。同志間患難與共，生死胥從。……要知建國之途程尚遠，有賴於同志共同努力者正多。……誠望吾黨同志效法七十二烈士之團結犧牲精神，繼續努力，而後革命之黨魂得以永存，革命之事業可望成功。」

㈢武昌起義，據星老所述：武昌首義雖克，亟需各地同志分路馳援；留港同志亦奉黃克強先生電邀。星老由穗回港，糾合海外歸國僑工及現役外國商船海員同志，未及旬日，集合凌定邦等七十餘人，各自醵資購置短槍械具，相率參加，並推舉星老爲領隊，遂於民國前一年九月九日由港乘輪赴滬。

抵滬後又遇華僑海員馬伯麟、馬福麟等二十餘人加入，因馬氏昆仲曾在英國兵艦工作，通曉兵事，深資臂助。於是商定命名爲「廣東華僑敢死隊」，公舉星老爲隊長，馬伯麟爲副隊長，下設三分隊。沿途一切費用，各自負責，他們都是鐵血青年，均無吝色。

廣東華僑敢死隊同乘藍煙通輪由滬溯江而上，九月二十日抵達漢口。當時該埠已再爲清兵收復，幸該隊皆衣便裝，與商客無異，故易混淆登岸。其事爲粵旅漢同志知悉，又集十餘人來從。聞黃克強總司令時已統軍漢陽，遂分渡襄河，整隊報到，獲黃總司令親臨校閱，整編正式番號，並傳令各軍，告以廣東同志已不遠千里而來，各省青年行將接踵而至，於是軍心大振。

敢死隊歸編未及一週，即於九月二十七日隨黃總司令自襄河琴斷口渡河，突擊漢口大智門，清兵張彪隊迎戰，敢死隊如虎出柙，勇不可當，兩次衝殺，均有斬獲。後以我軍急攻馮國璋部不利，迫得收兵，回渡漢陽。黃總司令調敢死隊苦守漢陽兵工廠重點，較預期待援時間猶多兩天，其遵命禦敵，達成任務的戰績，功不可沒。

㈣參與鐵血團及二次革命：民國肇建，黎元洪嘉其往績，擬畀以漢冶萍礦務督辦相籠絡，堅辭不就，且在漢參加「鐵血團」反袁組織，竟縲絏入獄八個月，事聞於 國父，託伍廷芳、溫宗堯關說獲釋。民國二年，星老參加寧滬獨立討袁之役。民國三年，龍濟光禍粵，星老設惠民公司於穗爲革命機關，並派員刺龍逆幹部馬存發，龍逆捕星老甚急，乃離穗赴日， 國父命習航空，入西京八日市飛行學校習飛航兩年，民國五年，奉 國父命返國參加山東濰縣中華革命軍討袁之役，時居正爲總司令，星老曾偕劉季謀飛炸濟南魯都署，軍勢爲之大振。

三度出任南京市長

民國十六年冬，共匪發動廣州暴動，刼後地方綏靖，以整理農工團體爲急務，中樞任星老爲廣東省政府委員兼農工廳長。民國十七年初，星老蒞任，頒訂解散附赤團體，嚴防共黨活動，統一工會組織，改善農工生活，救濟農工失業，推廣農工教育等六項施政準則，次第實施，以解農工之倒懸。七月，農工廳併入建設廳，星老仍任廳長，對粵省的農林、水利、公路及生產建設，規劃弘遠，百廢俱興。

民國二十一年一月，星老任南京市長，適值一二八變作，京滬密邇，風鶴彌驚，撫輯閭閻，補充軍實，襄贊十九路軍禦侮，致力良多。旋以行政院改組，辭去南京市長。

民國二十四年，膺選國民政府委員，再度出任南京市長，重視教育，增設學校，恢弘建設，規模大啓。並感國難日深，率先倡導軍訓，分期訓練民衆十四萬人。民國二十六年抗戰軍興，淞滬鏖戰，空襲頻繁之際，發動民防力量，維護京畿治安，卓著績效。嗣倭寇迫近畿輔，亟將京市全部地籍，以及故宮博物院存京古物，悉數搶運移送後方。迨首都將陷重圍，策動國際教會人士與敵方交涉，就圍城劃定安全區，成立難民救濟會，籌撥鉅款及大量食用物品。最後奉令撤退，於硝煙彈雨中雪涕離京。倭寇入城，大肆屠殺，惟避入安全區者獲免，全活四十萬人，廣留德愛。

民國三十四年八月，日本投降，星老三度出任南京市長，主持首都接收工作，刼後河山，瘡痍滿目，收拾殘破，重建市政，煞費苦心，飽歷艱辛。

民國三十九年膺聘爲總統府國策顧問，自民國四十九年任中央紀律委員會主任委員，民國五十八年九月，星老響應中央人事革新的號召，率先申請依例退休，樹立優良風氣。退任後，先總統 蔣公聘爲總統府資政，翊贊中樞，多所建白，老成典範，益相倚重。

著書駁斥共產理論

民國十三年，共產黨滲入本黨陣營，星老膺選廣州市黨部執行委員兼工人部部長，與孫哲生、黃季陸等先生均爲反共健將，力加遏戢，百粵忠貞黨員及勞工對共黨的鬥爭，於焉熾烈。

國父逝世後，星老南下，感於共黨陰謀漸露，爲防止邪說，乃着重於青年思想戰，創立「孫文主義學會」於上海，任總幹事，蔚爲反共的主要機構；所吸收入會的優秀青年，多爲北伐後與匪鬥爭激烈的忠貞志士。是年上海五卅慘案，我民族精神激起高潮，星老乃主要策動人之一。此一運動中，赤色職工運動委員會，謀乘機崛起，上海純正勞工，乃展開對赤色工運的生死搏鬥，亦因星老的主持正義，而涇渭分明。

民國十五年，共黨彭澤民潛伏中央爲海外部部長，擅發亂命，淆惑海外各支部及僑團的視聽，中央推派星老赴南北美洲視察黨務，宣傳聯繫，加強反共工作。星老自是年秋至美，周歷美國檀香山、舊金山、芝加哥、紐約及波士頓，而至加拿大各大都市，揭發共黨陰謀，戢熄左傾氣焰，使各地支部及僑團咸循正軌効力祖國，而海外黨務僑情，卒歸於純一。

星老對於共黨階級鬥爭、工農專政的邪說陰謀，駁斥最早，誅伐最力。所著「中國勞工問題」、「三民主義勞工政策」、「比較勞工政策」等書，均爲闡揚反共理論的專著，尤於民國四十四年，集合全國各界領袖，發起編撰「中國勞工運動史」，計一百六十萬言，三年始成，據實記載六十年來我國工運的史實，足以澄清國際人士的視聽，破除大陸勞工的迷惘，使本黨領導工運的史實，愈益光大。

民國五十四年，星老八秩大壽，曾助中國文化學院創辦「勞工研究所」，培育青年，從事勞工研究，發揚三民主義的工運理論，清掃赤匪工運的謬說，期能喚起鐵幕內被欺騙壓迫的勞工，興起壯烈的抗暴運動，與反共基地的自由中國勞工及同胞，共同完成反共復國的大計。星老報效黨國的志節，實歷久彌堅，到老不衰。

與 國父和 蔣公患難相從

星老自加入同盟會承 國父親自主盟後，即許以驅馳，冒險犯難，置個人生死於度外，其事蹟已如前述。 國父廣州蒙難，事起倉促。當時服務廣州公用事業的機工，多受星老指導，事變發生，即集體離穗，致全市缺水、斷電、交通停阻，入夜一片黑暗。陳炯明嫉恨星老，懸金十萬購捕，星老毫不畏懼。並親自駕艇供應 國父在肇和艦的食用，患難相從，竭効忠忱。

民國十二年一月驅陳之役，星老再度奉命組織游擊隊，先正規軍入穗垣。 國父回粵，委星老爲廣東兵工處長，充裕械彈，建樹良多。當時國庫款絀，製發械彈，均須繳價，使兵工廠能自給自足。黃埔軍校開辦伊始，篳路藍縷， 國父命撥槍械，以供訓練；而駐粵滇桂各軍繳價爭領械彈，星老以軍校爲重，毅然將所製槍枝，悉數密運黃埔，並以護廠隊槍枝移撥，免費湊足五百枝，另機槍四挺，軍校始克如期開訓，為從旁協助先總統 蔣公奉 國父命建立革命武力而開始奠基。惟星老因此觸怒索械未得的滇軍范石生，擅予非法拘押，經 國父派員持手令營救始得脫險，是為黃埔建軍珍聞之一。

民國十五年三月，共黨煽動中山艦叛變，謀加害先總統 蔣公，事變雖平，局勢阢隉，中央電召星老返粵謀戢赤焰。星老密謁 蔣公於黃埔，歸舟即遭共匪狙擊，幸未喪命。

民國十九年春，汪兆銘、馮玉祥以北平擴大會議叛中央，中央派星老為華北黨務特派員，統轄平、津、冀、察、綏等省市黨部，及北寧、平漢、津浦、平綏等鐵路工會組織。星老密駐津沽，指揮黨務，策動民運、工運，配合國軍討逆，運籌八個月，貢獻殊多。星老為人敦厚誠實，即就前述數事，可見其効忠 領袖，志節堅貞，始終不渝。

此外，星老一生為大衆服務的事蹟，不勝枚舉。例如抗戰時期，星老奉命自南京撤退渡江，經蘇、皖、豫、鄂諸省，循陸路撤至武漢，目覩沿途難民拋兒棄女，輾轉溝壑，饑啼呼號，於心惻然。抵漢後卽謀設法搶救，於民國二十七年春，在漢創辦中國兒童救濟協會，被選為理事長，卽組救護隊，躬親率領赴前線開封、徐州一帶，搶救難童六千餘人，分運至湖南乾城、鳳凰、東安及四川萬縣等地，設院教養。且籌措費用，奔走各方，肩負艱鉅，亘逾七年。至抗戰末期，難童升學參加海陸空軍及憲警、兵工者四千餘人，其中優秀難童，有受大學教育並出國留學者，嗣後隨政府播遷來臺服務三軍膺校尉之職者亦數百人，當年失路無依的嬰兒，今日成為捍衞國家的幹部，實星老有以助成。民國二十七年，星老復在漢創立全國慰勞總會，被選爲副會長。在抗戰期間，經常赴前線慰勞將士，凡跋涉十餘省區，乘航機飛掠敵壘，歷險如夷。再如，民國三十一年，星老協助吳鐵城先生創辦「南洋華僑協會」於重慶，後易名爲「華僑協會總會」。四十二年多，繼吳氏任該會理事長，爲籌建「華僑會館」而盡力，歷時十餘年，終於五十八年落成，爲僑胞而服務。又星老領導廣東同鄉會務達二十七年之久，籌建九層會所大廈，卒底於成，爲同鄉而服務，其事蹟猶爲僑胞及同鄉所稱道。

七十載革命歲月

總之，星老參加革命逾七十年，其獻身黨國、効忠　領袖、冒險犯難的犧牲精神，出生入死的奮鬥事蹟，力行主義，領導工運，推行政務，以及爲流亡同胞、僑胞與同鄉服務的熱忱，均足以啓發後進，澆礪薄俗。二十年前曾蒙先總統　蔣公伉儷親自賜頒「高風亮節」墨寶一幀，可稱光流泉壤。

我與星老相交逾半世紀，玆值星老百齡冥誕紀念，回憶前塵往事，曷勝感念。謹題蕪詞，藉表追思，以彰其潛德幽光：

革命參盟早，勞工尊衆英，
崇勳彰黨國，懋績紀京城。

已立千秋業，還揚四海聲，
神靈知尚在，長仗佑中興。

（民國七十四年十月）

追隨　國父的革命老僑

溫炳臣

溫炳臣先生（右立）與　國父及日人南方熊楠（左立）等合影

溫炳臣先生與鄭士良先烈（右）合影

華僑生涯

溫炳臣先生自髫齡旅居日本，加盟興中會，追隨 國父孫中山先生參加革命，膽識過人，一生在日經商，而忠黨愛國，始終不渝，充分表現了愛國華僑的革命精神。

溫先生生於民國前四十六年（清同治五年，西元一八六六年）十一月，本名芬，字炳臣，別號國勳，後以字行，原籍廣東省臺山縣大步頭村人（據馮自由著「革命逸史」說他是廣東南海人，日人菅原幸助著「日本の華僑」說他是廣東香山（即中山縣）人，今以溫先生逝世時治喪委員會之啓事爲準）。

他的父親學周先生是一位儒醫，善心仁術，曾做過村長，兼設私塾授徒，深得鄉人愛戴。炳臣先生幼年便在他父親的私塾讀書，課本是千字文、四書五經、幼學瓊林之類，溫先生記誦特強，爲同儕所稱佩。溫先生有一位叔父名遇貴，在橫濱經商（根據馮自由著「革命逸史」）。

溫先生十三歲時（民國前三十四年，西元一八七八年）便隨親屬赴橫濱，入經營茶葉的天祥洋行工作，開始了他的華僑生涯。他的弟弟名惠臣，以後也赴日本和他住在一起（根據日人菅原幸助著「日本の華僑」）。他在洋行工作約四十年，後來改做棉絲買辦和經營煤炭販賣等生意約十餘年。民國十七年，他年已六十三歲，又代理安田火災保險。晚年家居，仍兼任僑團、僑校顧問等職務，爲僑社服務。

偶然的邂逅

民國前十七年（西元一八九五年）溫先生三十歲，那年　國父在廣州起義失敗，偕陳少白、鄭士良兩先生亡命到日本，由譚有發先生介紹到橫濱山下町五十三番地文經印刷店馮鏡如先生（馮自由先生的父親）處下榻，相見後，歡若平生。有一天　國父和陳、鄭兩先生到中華會館參觀，回去時，見當道有滿清的黃龍旗升起，非常厭惡，便繞道回寓所，那知街道分歧，找不着歸路，剛好邂逅溫先生，　國父便問溫先生道：「鄉里（粵語老鄉的意思），我想返文經印刷店，從何處去好呢？」溫先生便告知路線而別。當時，溫先生雖不認識　國父，但覺得這位問路人氣度非凡，便暗記在心。適值橫濱一個華僑俱樂部「秀竹寄廬」（也有寫作「修竹」，不知何者為是）請一個新到的劇團吃飯，溫先生也參加，席上賓主談起時事，便說到　國父已到日本，溫先生立即追問　國父年貌及其與文經印刷店關係，才知道那天問路的人，正是　國父，不禁狂喜。

那時　國父及陳少白、鄭士良兩先生在文經印刷店二樓，邀馮紫珊、譚有發、梁達卿、溫遇貴等十餘人會商組織興中會，推舉馮鏡如為會長，趙明樂為管庫，趙嶧琴為書記，馮紫珊、譚有發、黎炳垣等為幹事，會所設在山下町一百七十五番，這是留日革命機關設立的開始。溫先生欽慕　國父，由陳少白先生介紹，得以晉謁　國父，聆聽　國父革命救國的大志偉論，極為感動，便和鄭曉初、陳才、陳和、黃焯文、黎簡卿、陳植雲、馮懋龍（後易名自由）等十餘人繼續加入與中會爲會員。後被滿清政府查悉，與中會成立僅十閱月，即被解散。不久，國父離日赴倫敦，陳少白先生仍留日，一切起居飲食，由溫先生招待。

終身信仰　國父

民國前十五年（西元一八九七年）溫先生三十二歲，正是　國父倫敦蒙難後一年，國父自英經加拿大抵日，溫先生事先得到通知，便和陳少白先生等到橫濱碼頭迎接。國父和少白先生在山下町同住，溫先生時來過從，擔任招待。日本志士宮崎寅藏（別號白浪滔天）欲晉謁國父，馮鏡如先生囑溫先生領見，宮崎贈　國父以名劍，以資紀念。據溫先生晚年對人口述當時軼事，曾說：「有一天，日本志士社會黨首領宮崎寅藏奉東京民黨領袖犬養毅之託，特代表犬養毅恭請國父到東京相會。當宮崎寅藏到　國父住處說明來意時，國父託詞須略延數日才能成行，宮崎寅藏便留下東京地址而別。第二天　國父才對我說：『昨天本來是想和宮崎一起去東京的，無奈手頭旅費不足，所以不敢答應。』我聽了立卽籌到日幣二百元奉給　國父，全是一元小額鈔票，以便旅途零用。　國父到東京後，暫寓於宮崎家中，仍時常回橫濱小住，下榻山下町，我常供給寢具什物。」云。

國父第二次到日本，在橫濱設立「中西學校」（大同學校、中華學校之前身）。後來康有爲、梁啓超維新變法失敗之後，也逃抵日本，犬養毅、宮崎寅藏等人便竭力促成　國父和康、梁合作，終因主張不同，未果。由於康有為主張保皇立憲，與　國父的三民主義革命思想，水火不容，當時橫濱華僑也分為兩派，且曾為爭奪中西學校，發生爭執。起初，很多華僑認為　國父所提倡的革命思想過新，因而支持者不多；但溫先生及其弟惠臣二人對　國父的信仰，則未嘗稍變。

協助革命

宮崎寅藏為日人贊助　國父革命最早的志士，曾著「三十三年落花夢」記與中國革命史蹟甚詳，　國父為之作序以表揚之。據溫先生說：當時日本犬養毅與　國父過從甚密，抵掌談天下事，至為快慰。由於犬養毅的介紹，　國父曾晤見大隈重信、尾崎行雄、頭山滿等多人，這是國父與日本朝野重要人物交往的開始。民國前十四年（西元一八九八年），溫先生在橫濱山下町唐人街成立中和堂（陳少白先生命名），以聯絡華僑團體及國際友人志士為宗旨，日本進步黨總裁犬養毅、菲律賓獨立軍代表彭西及基督教牧師翟美徒等，常來晤談。是年　國父命陳少白先生返香港創辦中國日報，於十二月出版。民國前十二年（西元一九〇〇年）惠州之役失敗後，　國父率同志多人，聚集日本，共謀善後良策，每日聚餐者，輒數桌之衆，就是在溫先生家。是年夏，　國父偕宮崎寅藏、平山周，自日本抵香港。不數日宮崎赴星加坡，被康有為誣陷下獄，　國父曾親往營救。旋又返日本，八月赴上海轉臺北，時臺灣總督兒玉甚敬仰　國父，惟日本首相伊藤博

文命其促 國父離臺，得大隈重信之助赴美，後又返日。溫先生則始終在日本領導僑胞，爲革命而盡力。（本段參考陳固亭先生四十三年三月二十一日作「敬悼溫炳臣先生」，刊載中央日報）

民國前十一年（西元一九〇一年）二月十六日，國父致日本南方熊楠函中云：「溫炳臣亦寄語問候先生並貴昆季安好。」而所附致犬養毅爲介紹南方熊楠函中則云：「弟嘗與先生談及昔年在英京獲交一貴國奇人南方熊楠君，……君遊歐美將二十年，博通數國語言文字，其哲學理學之精深，雖泰西專門名家，每爲驚倒，而於植物學一門，尤爲造詣。君無心名利，苦志於學，獨立特行，十餘年如一日，誠非人可及也。……」（以上見國父全集第三冊函電），由此可見溫先生當年與 國父過從甚密，溫先生與日本知名之士亦時有交往，以協助革命工作之進行。

憂時憂國

民國前七年（西元一九〇五年），溫先生四十歲，國父赴日本成立中國同盟會，溫先生以幕僚身份隨侍 國父左右，其弟惠臣亦加入爲會員。據溫先生說，國父當時卽住在他的山下町一二一番地私宅，他一家人聚住二樓，騰出一樓給 國父，以方便他聯絡日本志士宮崎寅藏、頭山滿等人及接待同志之用。國父飲食由其妻代爲料理，國父不吸煙，少飲酒，惟嗜水果，因此常由其弟惠臣親往水果店選買水果。此時溫先生得以朝夕親承 國父教益，如沐春風，引爲畢生幸事。其弟惠臣自加入同盟會後，接受溫先生指示，爲 國父辦理採購事務。據說，有一天夜裏，運送包裹到橫濱港口，當時惠臣全然不知內裝何種物品，事後才曉得裏面裝有武器彈藥，想來不禁揑把冷汗。

不久，清廷偵知　國父潛身在橫濱溫先生家，乃向日本政府施加壓力，要求驅逐　國父出境，而　國父周遊世界各國，奔走革命，當感到旅途疲累懸念祖國而不能在祖國定居之時，仍潛返橫濱的山下町小住。根據有關方面的研究，　國父前後共有九次居留日本橫濱，時常住在溫先生家。此固由於橫濱粵籍華僑較多，而同情與支持　國父革命的日本友人和志士亦多之故；但溫先生兄弟效忠　國父，友誼敦厚，竭盡全力保護其安全，照料其生活起居，亦爲因素之一。

民國元年（西元一九一二年），溫先生四十七歲，　國父在南京就任臨時大總統，溫先生特自日本僑居地前往南京道賀，和　國父相見極爲欣慰。當時領得「總統府出入門證」，溫先生深爲感奮。三月一日，　國父爲了表揚他贊助革命爲國效力的功勳，於百忙之中又以臨時大總統名義親署「旌義狀」頒賜溫先生，他尤引爲殊榮。但此次回國，他在南京祇逗留月餘，仍返回日本。

民國二十六年（西元一九三七年），溫先生七十二歲，是年七月七日蘆溝橋事變發生，我國全面抗戰，十二月十二日夜，日本當局開始逮捕留日中國國民黨黨員，溫先生被捕下獄，至同月三十日釋放，計被囚十八日。民國三十四年，抗戰勝利，我政府還都南京，三十五年，溫先生稟先總統　蔣公題賜玉照，並贈養老金，以示敬老之意。

與 國父友誼深厚

民國四十一年，溫先生八十七歲，此時大陸已淪陷四年，他蒿目時艱，憂心忡忡，曾賦詩三首：

魯殿靈光讓炳臣，追隨總理廿餘春，同年同月兼同寓，親炙如斯有幾人。

回首前塵與夢同，欣逢 國父矢貞忠，中原板蕩哀鴻淚，反共抗俄賴 蔣公。

丙寅誕辰今壬辰，虛度韶光近九旬，耄耋何求惟寄語，救民剿匪勿因循。

我們從這三首詩裏，不難體會到溫先生和 國父友情的深厚與對先總統 蔣公的信賴，更可看出他老當益壯，不忘國事，和志節的堅貞，眼光的遠大，以及憂時憂國的一片赤忱。

自三十八年大陸陷匪，溫先生義憤填膺，但他並不悲觀。他認爲祇要大家信仰三民主義，團結一致，反攻大陸是必然成功的。所以他對橫濱黨務的開展，中華學校的改進，僑胞的團結互助，都盡了輔導的力量。猶憶民國四十年二月，彥棻擔任本黨中央第三組主任時，奉命視察日本黨務，宣慰僑胞，曾特到橫濱專誠拜訪溫先生，那時溫先生已八十六歲，年事雖高，仍然策杖步行，陪我遍訪黨部和當地僑團。當時黨部因新近收回未久，佈置整理都未臻完備，溫先生見到大爲不滿，把手杖指着負責同志，嚴加責備，聲色俱厲。溫先生本來並不是慣於生氣的，不過他對黨務實在十分關切，見了不對的地方，便認爲必須予以指正，他對促進橫濱黨務改造和僑胞的團結，確實有很大的貢獻。這種熱情、負責、認眞與忠黨愛國的精神，眞令人十分敬佩。當時他的身體仍很壯健，整天陪着我往返，毫無倦容，卽此亦非常人可及。溫先生對民國元年　國父親署旌義狀，視同拱璧，我到他家時，他曾珍重的拿出來給我看，我知道他對這張旌義狀的重視，並不在爲自己誇耀，而在這是　國父給他的榮譽紀念品。他看到　國父的署名，便彷彿看到　國父當年的音容笑貌。我回憶當時情景，歷歷如在眼前，不能忘懷。

「孫總理來接我了」

這位一生忠黨愛國，曾參與創建民國的革命老僑，終因年老體弱，不幸因心臟麻痺，於四十四年三月十三日，在横濱市中區本牧町二丁目四〇七番地私宅與世長辭。遺夫人溫信子、媳陳少環、孫繼志。溫先生逝世時，尙任中國國民黨横濱支部評議員、中國大陸災胞救濟總會顧問、横濱中華中學董事會顧問、横濱華僑總會顧問、留日廣東會館顧問等職。

當溫先生病重時，眼力已差，不能閱報，每日仍命家屬擇報紙要聞在榻旁朗誦。每晚七時，又命開收音機收聽臺灣廣播。三月十二日是　國父逝世三十週年紀念日，每年此日，溫先生必率黨員同志和僑胞，舉行紀念儀式。據溫先生家屬的「溫委員炳臣臨終遺言」筆錄說，這天溫先生已入昏迷狀態，但到晚上七時，他忽然清醒，便召夫人到榻前囑咐道：「我最關心的是中華中學的發展和黨部的進步，現在孫總理與老朋友都來接我，正在外面等着，我要走了。你們不要驚動政府，也不可勞動親友。你們今後的日子，我給你們留下一所房子，變賣度日吧！我們關心大陳撤退後的情勢，但最後勝利一定是屬於我們的。我走了，把我的手杖遞給我。」夫人把手杖遞給了他，他提了手杖，閉目自言自語道：「我要去東京參加總理逝世三十週年紀念。」說話時，兩手握着手杖向床外搖動三下，命取酒來，呷了一點，當時神態就好像到　國父靈前敬酒的樣子。隨進了一點蜜柑，飲了一點開水，便不能言語而溘然長逝了。享年九十歲，可以算是一代元宿。

革命老華僑

自溫先生逝世消息傳出，中日朝野莫不深自哀悼，當時我駐日大使董顯光先生及當地僑領百餘人，發起組織治喪委員會，並爲其遺族籌募生活教育基金。啓事中述溫先生生平謂：「髫齡東來，識量與德慧過人，時以光國族、利人羣、惠澤廣敷爲己任。滿清暴虐，有志之士，紛紛奮起，會　國父孫先生自檀香山赴香港經日本，途中邂逅，引爲知己，時先生年僅二十九歲。顧橫濱尙有清廷領事，雷厲風行，巽懦者於非常之原，避不敢納交，先生獨與二三同志爲之置驛館，召徒侶，輦金加盟，爲我僑倡，由是革命情緒瀰漫於東南亞各州島；而民國由是肇興，先生功不可沒焉。……自共黨構難，傾覆我守土，蹂躪我人民，先生附髀櫻心，誓不與共天日，恨庸衆首鼠兩端，縱敵爲患，特毅然振起義聲，以反共抗俄爲僑民救國自救之先導。蓋其心存宗國，不以時移地異而稍渝。……」可謂蓋棺定論。

治喪委員會於四十四年四月六日午後一時至三時，在橫濱華僑總會舉行公祭後出殯，當時總統蔣公特題：「忠黨愛國」四字懸掛靈前，陳副總統、總統府秘書長及五院院長與各部會首長，以及日本友好如外務大臣重光癸、國會議員楢橋渡等，都致送輓詞聯和函電弔唁，中國國民黨中央委員會除由秘書長張厲生電唁溫先生家屬外，並由黨部撥發治喪費。溫先生生平事蹟，則由中國國民黨黨史史料編纂委員會搜集表揚，以彰功德，飾終盛典，備極哀榮。

綜溫先生一生，純篤忠誠，持躬廉介，埋首苦幹，盡瘁革命，不顧身家，不計名利，爲黨爲國，至爲堅貞。語云：「仁者壽」，溫先生盛德遐齡，克享近百，生死事小，他所留給我們的是那種奮鬥不懈的革命精神，始終不衷的愛國心，以及熱情認眞的處世態度；這一切都是這位革命老僑遺留下給我們的寶貴典範，他的楷模將永遠活在我們的心裏，也將永爲愛國華僑所矜式。

（民國七十三年十月）

襟懷澹泊 高風亮節

張維翰

張維翰先生親書對聯贈韓國總統朴正熙

張維翰先生九十華誕，蔣總統經國先生親往道賀

張維翰先生（前持杖者）訪日本前首相吉田茂

張維翰先生（前坐右七）與監察院同仁合影

張蒓老一生爲黨國效勞，廉潔耿介，襟懷澹泊，高風亮節，是我所景仰的師友之一。蒓老今年百齡冥誕，我才八十四歲，他比我大十七歲；他是雲南人，我是廣東人；他留學在東京，我留學在巴黎，早年並無接觸機會。

一直到民國十八年，本黨在南京舉行第三次全國代表大會時，我們才首次見面認識。因爲他是雲南省黨部代表，我是駐法總支部代表，此後，我和蒓老都同時參加了臨時全國代表大會，制憲國民大會，彼此晤敍交談機會很多，我對他總以本黨前輩相待，他對我也不吝賜教，因此獲益良多，對他從政經驗和爲人處事的原則也有所瞭解。

幾件往事

我曾經從鄒海濱、梁寒操兩位先生處，聽到他們對蒓老的推崇，使我對這位黨國前輩爲人處事的磊落風範更加體認。玆就所知，略述蒓老幾件往事：

民國十年，駐在四川的滇軍，趁唐繼堯的軍隊外調，從四川撤軍回雲南，面臨強大壓力，唐遂於舊曆除夕倉皇出走，經滇越鐵路經由河內到達香港， 國父曾派汪精衞、許崇智、伍朝樞、鄒魯等到港邀他到廣州。當時蒓老是隨唐繼堯到廣州的。因唐是廣州軍政府七總裁之一，頗有影響力， 國父希望他留在廣州相助，負責軍事。蒓老當時也力勸唐繼堯不要回滇，留下來爲 國父臂助。但唐繼堯爲唐紹儀、陳炯明的話所動，仍回香港。此段經過乃由我的校長鄒海濱在一次談話中告訴我的，由此足證蒓老志節忠貞、忠黨愛國之一般。

我的老同學梁寒操先生曾告訴我，他與蒓老有關的一段往事，他說：民國三十八年避禍香港的時候，錢賓四（穆）先生在香港創辦新亞書院，財務情況不佳，有一天蒓老偶然在街上碰到賓四先生，蒓老對他說：「聽說你在香港辛勤創辦新亞書院，財力上，我恨無力相助，但學校開課以後，我一定來教一班國文，不領薪水，聊表我的一番心意。」後來蒓老每個星期教六、七堂課，從不缺課。其後梁均默、陳伯莊諸先生都來任教，新亞書院人才濟濟，這都是受蒓老熱心華僑教育、重視文化事業和他對朋友情義深厚的影響。

廢除不平等條約的先聲

民國十七年，蒓老奉國民政府任命為雲南省政府委員兼外交部特派駐滇交涉員，他鑑於不平等條約之束縛，並因在滇從政多年，於法國及其越南殖民地政府對滇省及旅越僑胞之種種壓迫，深為痛憤，乃收集有關資料，親編報告及新約意見，携赴南京，晉謁國民政府主席　蔣公及行政院長譚公，為扼要之陳述；並向外交部長王正廷陳請從速改訂中法越南商約，並以談判代表身分與法國代表舉行正式會議二十二次，歷時十八個月的折衝樽俎，始得簽訂較為平等互惠之新約，這是中國廢除不平等條約的先聲。

蒓老於民國二十八年擔任內政部政務次長任內，更盡其職責，實施　國父遺教。時值訓政進行時期，蒓老亟謀完成地方自治，以利憲政之施行，他首先創設戶政司，完成全國戶口普查，繼續辦理戶籍及人事登記，實施國民身分證制度，以爲推行庶政的基礎。這些都出自蒓老的策劃。復於二十九年召開全國內政會議。三十一年視察抗戰後方西北及川康等省，三十二年視察東南等省，三十四年視察甘肅、青海、新疆各省，督導新縣制，改進地方庶政，於抗戰軍事劇烈期中，親赴各省市視導地方自治，歷二十餘省市，五百餘縣。在四十多年前卽已重視地方自治工作，積極策進，力行 國父遺敎，眞値得敬佩。

共赴國難的心聲

蒓老喜作詩，擅書法，在民國五十八年出任中華學術院詩學研究所所長，弘揚詩敎，致力復興我國固有文化，他勉勵大家，在國家多難的時刻，詩人更應抱報國的決心，共同負起復國建國的責任，不徒以吟風弄月爲已足，他說：「時代的背景，激起國人對國家、對民族的愛心和熱情，共體時艱，以悲憤激昂的筆觸，發爲團結一致，共赴國難的心聲。」我對於詩學並無研究，但對蒓老這種愛國的詩人，深爲敬佩。

（民國七十四年十一月三十日口述，胡有瑞女士筆記）

識見卓越　洞燭機先

吳鐵城

TELEPHONE 4660

民國維持會檀香山支會用箋

The Relief Bureau

NO. 40 HOTEL STREET,
HONOLULU, T. H.

中山先生閣下 謹啓者 布爐分部長兼籌
餉局長黎協君於本月十九日在布爐被兇徒所狙
擊一彈深入肝內 療治數日 因傷勢過重不幸於
二十五晚十時逝世 兇手乃黎君鄉人 當場捕獲 現
案提訊 究不知彼因何故仇殺黎君 俟知
詳細再行奉
聞 專此並頌
大安

吳鐵城謹啓

十一月二十六日

上：吳鐵城先生上 國父書，報告同志被刺事。

下：吳鐵城墨蹟

吾人足跡遍天下

高瞻遠矚的眼光

一位賦性豪爽、氣宇軒昂、恢宏寬厚、謙沖和藹、忠黨愛國的革命先進吳鐵城先生，撒手人寰，到今年十一月十九日，整整三十年了。凡與鐵城先生交往的人，不論朝野，多稱他鐵老而不稱其職銜，可見其平易近人，有磁性，有熱力，廣結人緣，受人尊敬。至其在治事嚴謹中，不失風趣，延見賓客，獎掖人才，察納雅言，惟恐不及，「馭衆智以爲智」，更使人心悅而誠服。鐵老與世長辭，大家不僅在他逝世之時，悲痛逾恒；就是逝世若干年之後，對他的思念，並不因歲月消逝而消失，他的風采音容，永遠留在大家的心底。

民國三十四年八月至三十五年九月，及三十六年九月至三十八年一月，鐵老在中央黨部任秘書長，我曾兩度任副秘書長，朝夕相處，在公務上，自然有很多機會，得到他的指導；來臺後，我曾先後主持本黨（中國國民黨）的海外黨務，及政府的僑務工作，與鐵老過去主持的工作，關係密切，每逢星期假日，前往其寓所拜訪，更常親炙謦欬，多承教益，在私人的交往上，不啻「亦師亦友」。因此，他去世迄今雖已三十年，懷慕他的心情，仍與時俱增，追思靡已！

景仰鐵老的人，莫不欽佩他豁達磊落的胸襟，協調折衝的才能，任勞任怨的精神。據我個人的體認：他智行的蘊藉，還特具高瞻遠矚的眼光，和對黨國盡忠的情操。現在舉出幾件事，說明他生前的一些見解和作爲，與逝世後幾十年的演變，前後印證，鐵老的確識見卓越、洞察機先，益覺令人懷念和崇敬。

東北使命

鐵老一生重視團結，對「團結就是力量」，體認最切，無論在何崗位，都致力促進團結，他在回憶錄中，檢討二次革命失敗的原因，就是由於「黨的組織不健全，黨員意見不一致」。他在三十四年本黨第六屆全國代表大會在重慶舉行時，便呼籲全黨同志「團結奮鬥」。他在中央黨部主持海外工作及擔任秘書長時，更是以促進本黨同志及僑社團結爲第一要務。

在鐵老回憶錄中，原目錄定有第七章「東北使命」的標題，可惜尚未撰寫，即已謝世。我們雖未能瞭解鐵老撰寫的內容；可是大家都知道，國民革命軍十七年北伐，到達榆關時，東北在日本軍閥侵略威脅下，以武力解決，確有阻礙，鐵老秉承中央決策，僕僕風塵於北平瀋陽途中，與東北地方當局折衝，排除萬難，不血刄而達成易幟，完成和平統一東北的使命，厥功至偉，永垂青史，這是鐵老對國事促進團結的不朽事蹟。

在對黨的團結方面：三民主義青年團成立之後，黨團之間，由於組織和工作各自開展，不免時有摩擦，力量難免抵消。中央爲期力量集中，決定黨團統一，於民國三十六年七月，成立黨團統一組織委員會，籌議實行，鐵老是召集人之一，我也參與其事，許多問題他都能從遠處大處着想，接納別人的意見，協調各方，力謀團結。所以黨團統一，在總裁領導下，能以順利實施，黨的力量能以團結集中，鐵老對此也確有貢獻。

黨團統一後，我從中央團部回到中央黨部服務，繼續追隨鐵老工作。當時正準備實施憲政，最難處理的便是黨對中央民意代表的提名，一面要和各黨協商，一面要在黨內協調，鐵老是提名委員會召集人之一，我也曾襄助其事，許多爭辯不休，僵持不決的問題，都賴鐵老的協調得到解決。民國三十七年三月，行憲第一屆國民大會集會於南京，在開會前夕，許多由選舉造成的糾紛，以及會議的進行，都有賴鐵老一本大公至誠的態度，和耐心折衝的才能，協調各方，共謀解決，這些都是我親身目覩鐵老促成團結的成果。

華僑導師

鐵老一生愛護僑胞，熱心僑務，不論他身居何職，處身何地，無不注意華僑問題，推進海外工作，故被尊稱爲「華僑導師」。他對海外工作的提示，據我個人的瞭解：是以團結僑社爲工作目標，貫徹他一向呼籲與促進團結的主旨；以服務僑胞爲工作重心，熱心爲他們服務，解決他們的困難；暨以發展組織爲工作起點，策動並領導組織華僑協會及中國國民外交協會等團體，旨在團結僑胞，策進國民外交，加強祖國與各國及僑胞的聯繫。在三十八年暮春，戡亂局勢逆轉最緊急的時期，他爲了團結反共，便曾不辭辛勞，訪問日本、韓國、菲律賓、印尼及香港，聯絡僑胞，爭取友邦。

我自民國三十九年八月至五十一年十二月，奉命主管海外黨務。於民國四十一年三月至四十七年七月，並兼任僑務工作。在鐵老逝世前，我對這兩項工作的推進，得到他很多重要的啓示；卽使在他逝世後，仍然體會他的意旨，繼續進行。概括的說，如民國四十一年十月召開全球性的僑務會議，四十三年十月在臺北召開東南亞華僑青年問題研討會，四十四年九月召開華僑文敎會議，四十五年十月召開華僑經濟檢討會議，以及三十九年十月至四十七年五月，先後訪問全球二十五個國家和地區的僑團、僑社、僑校、僑報等，都是以團結僑胞，「非以役僑乃役於僑」爲工作要領。同時，致力發展海外各地華僑反共組織，自民國三十九年起，先後成立十四個組織，至民國四十一年十月，更進而成立華僑救國聯合總會，作爲全球反共救國的聯合組織，推進海外救國工作，這都曾受到鐵老直接或間接的啓廸。

最使我不能忘懷的，是民國四十二年十一月，本黨舉行七屆三中全會，我在會中提出「加強海外工作方案」，在討論時，鐵老起立發言，大力支持。孰料這一議案通過僅五天，鐵老便遽歸道山，及今思之，仍使我無限感念。

慧眼獨見東北危機

東北地大物博，重要資源蘊藏豐富，實爲我國國防重鎭及資源寶庫。其北境與西伯利亞爲鄰，早爲俄所覬覦。清朝俄人曾屢次進犯，清廷雖一再割地求和，始終未戢止其侵略的野心。日俄戰爭後，東北更成爲日俄爭奪角逐之地，增長了日本侵略我國的野心；而蘇俄則於我對日抗戰時期，蓄意培植中共勢力，以阻礙我國的統一和強盛。鐵老於民國十七年國民革命軍北伐，抵達榆關時，完成了東北易幟和平統一東北的使命，就看到東北未來的危機，於民國十七年冬在長春車站，書寫了兩句名言：「不到東北，不知東北之博大；不到東北，不知東北之危機」，眞是慧眼如炬。他對東北可能發展的情勢，了解之深，對國際局勢將來演變的趨勢，洞察之遠，實非一般人所能企及。所謂：「明者愼微，智者識幾」，鐵老實當之而無愧。

果然到了民國二十年，便有九一八事變的爆發，其後，僞滿洲國的成立，以至蘇俄的進軍和中共在蘇俄羽翼下壯大等，從東北情勢的發展來看，不但證明鐵老所說的東北危機的嚴重，也顯示了東北地位的重要，沒有安定的東北，便不能確保全國的和平統一。

智慧的光芒

鐵老生前促進團結，熱心僑務，和重視東北的勛業卓識，已如上述。我中華民國復興基地今日所以能夠茁壯繁榮，民生安和樂利，成爲世界反共的堡壘和燈塔，便是由於本黨同志、全體軍民在領袖英明領導之下精誠團結，莊敬自強，始克臻此。而盱衡當前情勢，加強團結，仍爲完成反共復國的第一要務。而「華僑爲革命之母」，我們的海外及僑務工作，多年來雖已戮力推進，奠立基礎；但今日中共在海外正大力進行統戰陰謀，無所不用其極，如何加強團結僑胞，粉碎其詭計，並結合華僑力量，參與建國復國大業，亦爲當前重要的工作。至東北地域廣濶，物產豐富，爲我國國防重鎭及資源寶庫，將來光復大陸之後，對東北的建設，自應妥爲規劃，全力推進，使成爲國家邊陲重要的屏障，才能奠立國家長治久安的基礎。所以，鐵老這幾點指示，仍值得我們時刻警惕和繼續努力。

我對鐵老的追思，在他逝世十周年、二十周年及六十五年三月華僑協會總會爲他建立銅像揭幕典禮時，雖先後寫了三篇紀念短文；但是對於他的高風亮節及豐功偉績，仍未能闡述於萬一。在鐵老逝世三十周年紀念的時刻，謹再舉三事印證鐵老智慧的光芒，照耀着時代齒輪運轉的軌跡，不因歲月的消失而磨滅。所以他的高瞻遠矚和謀國的忠藎，永遠爲後人所景仰。

（民國七十二年十月）

由革命神童到史學大師

黃季陸

右上：黃季陸先生於民國十四年冬在上海半松園與革命同志黃復生（右四）趙鐵橋（右一）等合影

右下：黃季陸先生及著者、楊金欉先生向新公園內鄭成功銅像致敬

左：民國五十一年二月十四日第四次全國教育會議，黃部長季陸陪同　蔣公

任四川省黨部主委時攝

大腹便便笑口常開

黃季陸先生是一位革命先進。他畢生獻身黨國，盡力於黨務、政治、文化、教育、修史等各項工作，都富有創意和建樹，也是黨國先進中表現民主風範、平易近人的典型。而且他大腹便便，笑口常開，恰似彌勒佛，幽默風趣，休休有容，尤令人心折。所以他於本（七十四）年四月二十四日逝世之後，無論朝野，聞此噩耗，莫不表示哀悼。我和他相交五十年，同志、同事、同敬聆 國父宣講三民主義，同對 國父遺教及黨史的研究，特有興趣。同在紀念 國父之中山大學服務，同為實現三民主義之黨國幹部。回憶前塵往事，更傷痛不已！

十二歲的「保路運動」同志會長

季陸先生籍隸四川敘永，生於民國前十三年（即光緒二十五年）一月二十一日（公元一八九九年三月二日），比我大兩歲。他幼而聰穎，有壯懷遠識。九歲時（清光緒三十三年，即公元一九〇七年），同盟會四川分會黨人謀起事於成都，他的堂兄黃方（鹿生）及長兄壽萱均曾參與，不成，黃方等六人均被捕入獄。黨人以季陸先生機智明敏，嘗使他以探監為名，傳遞消息，使他小小年紀，便已受革命薰陶。史家論四川保路風潮為辛亥革命的導火線，他以年甫十二歲的高等小學學生，即參與四川保路運動，組織小學生保路同志會，意氣慷慨。民國建立以後，軍閥禍國，國民革命屢遭挫折，他大部分時間流亡海外，在馬來亞、日本、美國、加拿大等地，一面就學，一面從事黨報工作。民國十三年，回國參加本黨第一次全國代表大會，年方二十五歲，是最年輕的代表之一。此後，他一生服務黨國，鞠躬盡瘁，死而後已。季陸先生爲人稱道的事蹟，不勝枚舉，現在根據有關史料及其自述和我與他生前晤談所聽到而與黨國有關的重要事蹟，擇其重要者，予以敍述，藉表懷念與敬仰。

認識 國父的「自然偉大」

季陸先生認識 國父，和他立志努力求學和參加革命工作，關係至爲重要。他自述第一次看到 國父是在民國二年春天，他由四川到達上海，由他的族兄黃樹中（字復生，川中革命健者，嘗於民前一年偕汪精衞謀炸攝政王載灃於北京）引見 國父於滬濱。季陸先生是剛由四川出來的一位鄉村娃娃，在未見到 國父以前，他總以爲這位推翻滿清，創建民國的大英雄，必定是像他在小說中所想像的那種八面威風的大人物。聽黃樹中說要帶他去見 國父，雖然感覺十分欣幸，但總不免有些膽怯，及至和 國父見面以後，第一個印象覺得 國父穿的是西服，很神氣；第二個印象覺得 國父十分和氣，使他不感到拘束和畏懼；第三個印象：當黃樹中爲他介紹，稱讚他十二歲就參加革命，是辛亥革命四川保路運動小學生保路同志會會長時， 國父笑了，而且用手在他的頭上輕輕的拍了兩下，並說：「你從此要好好用功求學，學成之後再來革命，沒有學問不能對革命有大的貢獻的」。季陸先生聽了之後，非常感動，曾玩味清儒章實齋曾經說過的幾句話：「學於聖人者斯爲賢人，學於賢人者斯爲君子，學於衆人者斯爲聖人」。他解釋那就是說：賢人是從聖人那裏學來，君子是從賢人那裏學來，至於聖人便是從衆人學來。如果說聖人是人格最偉大的典型，　國父便是最偉大的當今聖人，他的最偉大處便是在於平凡，也正是吳稚暉先生在所撰「總理行誼」一文中所說的「自然偉大」❶。所以季陸先生第一次瞻仰　國父，聆聽　國父慈祥而懇摯的談話，便啓導了他一生努力的方向。

亡命馬來西亞

季陸先生聽從　國父應繼續求學、期對革命建國大業作更大貢獻的勸導，乃立志上進。時李石曾、吳稚暉兩先生在北京發起赴法勤工儉學，遂離滬赴京，習法文，作留法準備。他自己說：到了北京，由金葆光作實際的監護人，金先生和雷鐵崖先生都是本黨先進同志，當時都是北京革命黨報「民主日報」的負責人。雷先生在日本東京同盟會的民報時代，即以「鐵錚」的筆名發表不少鼓吹革命的文章，季陸先生非常敬佩。金先生外表很斯文，文章議論磅礴，傾動一時，其時在南方的戴季陶先生有南戴北金之譽，他視季陸先生如親弟。民國二年三月二十日宋敎仁先生在

❶參考黃季陸撰：「匆匆四十年——追憶中山先生的音容」，見傳記文學第四卷第一期。

上海被刺後，二次革命爆發，此時革命黨的報紙已不容許在北京存在，雷、金兩先生不得不逃亡避禍。他們不忍把季陸先生一個少年留在北京，約定携他同行，他因回校收拾行李，他們等他不及，便先行搭乘火車到天津，料不到袁世凱的爪牙早已探知他們的行踪，下令在火車站緝捕他們，而以二文人偕一童子爲緝捕標誌，因他臨時未能與他們同行，致袁探在火車站遍尋而無所得，雷、金兩先生竟安抵天津。此一差錯，料不到竟救了他們。他囘憶着說：「亦一趣事也」。

季陸先生趕到天津，與雷、金兩先生會合，同輪赴上海，然後亡命到馬來亞的庇能（檳榔嶼），同住在檳城的光華日報社。光華報是本黨在海外的言論機關，辛亥革命以前由雷先生等主持筆政，戴季陶先生亦曾擔任過該報主筆。自本黨南洋支部由星加坡遷移檳城後，該報地位更爲重要❷。雷、金兩先生恐怕季陸先生學業荒廢，一面教他讀書作文，一面要他在檳城的英國學校就讀。他此時曾以「黃魂」的筆名在光華日報發表一篇措詞激烈鼓吹革命的論文，深獲雷先生的嘉許與鼓勵，這是他建立新聞工作的興趣和信心的開端。

使醒華日報起死囘生

民國三年（公元一九一四年）夏，季陸先生自南洋返滬，初入南洋公學就讀，改名黃陸。四

❷～❸見陳樹強著：「國父革命宣傳與華僑革命行動」。

年十二月，肇和兵艦起義討袁，他曾以坐凳自窗口丢下擊打沿街疾進的袁軍，袁軍向學校索捕，乃轉學復旦公學，改名季陸。民國七年赴日留學，入慶應大學。八年七月，憤日警欺凌中國留日愛國學生，離日赴美，初入威斯靈大學（Ohio Wesleyan University），學政治，同時爲舊金山少年晨報撰寫評論。少年中國晨報創刊於一九一〇年，前身爲「美洲少年周刊」，致力宣揚 國父思想，鼓吹革命，爲歷史上早期的革命報紙❸。季陸先生當時在該報撰寫評論，頗有貢獻。

民國十年，季陸先生在威斯靈大學畢業後，繼入俄亥俄州立大學（Ohio State University）研究。十一年赴加拿大，入多倫多大學（University of Toronto）研究，並任「醒華日報」主筆。該報爲本黨美洲支部所創辦，原名「醒華週報」，出版未久，即爲加政府應北洋政府堅請而下令封閉，直至民國十一年始復刊，並易名爲「醒華日報」❹。據季陸先生說：醒華日報原是一家先天不足的報紙，他接任該報工作時，已陷於搖搖欲墜的境地。

一天早晨，他閱報得知，加拿大國會正在醞釀要提出一個排斥華僑的法案，如果這一法案成爲事實，不獨以後的華僑不易來加，即使已定居的華僑，也有不少要被遣送回國。他認爲這是挽救醒華日報，發表報紙言論的絕好機會，乃以抗議這一法案的提出爲重心，連日發表長文予以駁斥。因所論的問題與僑胞休戚相關，發生了喚起僑胞共爲阻止這一法案而奮鬥的效力。進一步更

❹見曾虛白著：「中國新聞」。

聯絡全加拿大的華僑，組織團體，延請律師，展開阻止此一法案成立的活動。由於各方的共同奮鬥，卒使這一有損我國僑民利益的法案在加拿大國會未獲通過。於是醒華日報的聲譽鵲起。由於這一次勝利，堅定了他此後做事不顧艱難，不計成敗的信心。

停刊「小廣州」副刊

此外，據季陸先生說：「在他從事新聞工作的歷程中，最令他難忘的，要算他服務廣州民國日報的那段時期，廣州民國日報是　國父於民國十二年八月所手創，為革命策源地最大日報，日出四大張，銷行東南各省與港澳、南洋一帶，報頭係　國父親筆題字❺。因為廣州民國日報是北伐時期本黨的機關報，亦就是政府奠都南京以後中央日報的前身。季陸先生接長該報是在民國十六年冬天，共產黨廣州大暴動之後，那時的廣東仍處於擾攘不安，人心惶惶的境地，社會中的下層則陷溺沉迷；青年們則徬徨無所適從；農村則知識低落。處於這樣一個時代，如何撥亂反正？如何端正人心？如何啓廸民智？使社會趨於正常進步，領導輿論的報紙實責無旁貸。

但據季陸先生說：「當時民國日報在銷路上和篇幅上都是廣州第一家大報，究其所以成為第一大報的原因，不是它消息快速，也不是它言論公正，而是因為它有一個誨淫誨盜，以黃色低級

---

❺見近代中國出版：「中華民國文化發展史」。

趣味迎合讀者心理的名叫「小廣州」的副刊，或以爲民國日報因此一副刊銷路大暢，他則以爲此一副刊實爲造成社會紊亂墮落的因素，報紙的銷路愈暢，其所種的惡果亦愈大。不談領導輿論則已，若要負起輿論的責任，就非停刊「小廣州」副刊，而易以建設性、教育性的副刊不可。關於此事，他曾就商於時任中山大學校長的戴季陶先生，戴先生十分贊成他的看法，自告奮勇要爲他寫一篇停刊「小廣州」的宣言。

革命小神童

民國日報自從「小廣州」副刊停刊，而易以「社會常識」和「現代青年」兩個副刊以後，銷路果然大跌，從一萬多份跌到二千多份，報社同仁恐慌萬分，紛紛對季陸先生責難，他嚴正的答覆他們：「縱然跌到只出一份，也自有其價值，我甘心情願，決不後悔」。其實在他的內心，又何嘗不揑一把冷汗？所恃以堅持到底者，惟有他幼小時他老祖母常說的「人有誠心，自有神助」的格言，它給他無比的力量，增強了他無比的信心。果至一個月後，報紙發行量便逐漸的恢復，不到三個月，銷路更幾乎增加了一倍。他特地把這一發展向戴先生陳說，戴先生聽後非常高興說：「你這一發現頗富哲理，不僅可用於辦報，亦可用之於爲人處世。可稱之爲黃老弟定律」。「黃老弟」是戴先生平時對季陸先生的稱呼，季陸先生認爲戴先生對他上述的誇獎，未免言之過甚，但是他生前憶起這件事來，仍然禁不住有幾分驕傲。

據季陸先生說：民國三年，歐戰爆發，馬來亞的庇能成了革命黨集會之所，革命黨人如李烈鈞、柏文蔚諸先生均曾來此。其時檳城交通發達，報章雜誌嘗捧季陸先生爲「神童」，把他看成革命黨的「小同志」，他日與革命黨同志遊，心總是收不下，如何能安心讀書，愛護他的先進商量的結果，決定將他送到芙蓉埠一間外國學校繼續完成學業。

是年冬，陳炯明由星加坡來芙蓉埠，在報上已獲知有一位四川的小革命黨在此，有一天來看他，並與他下象棋，竟下不過他，因此，陳炯明對他頗爲賞識。臨行時對他說：「中國的革命大業，我們老一輩的能否及身親見，不得而知，不過革命總是要隨時準備繼起的，我們都是因參加革命而失學，你們年輕人，千萬不能再蹈我之覆轍」。又說：「你現在參加革命工作也沒有什麼用處，專心讀書方爲上策，我不贊成你再在此地受次殖民地式的教育」。其後季陸先生回上海南洋公學就讀，陳炯明的勸導是主要原因之一。

與陳炯明的一段往事

在陳炯明離開星加坡之前，特地留下五百塊大洋準備季陸先生回上海之用，並附一封信，信末並說：「我很焦慮你的學業，玆存放五百元於八仙橋（在法租界）的義泰當，你分月取用，足夠你兩年之需，以後再陸續接濟你」。所以季陸先生在南洋公學，經濟上很寬裕，除了生活所需之外，還收容了一些亡命之徒，他們在校吃飯，都是記他的帳。民國五年六月六日，袁世凱病逝，黎元洪繼任總統，並成立將軍府，派陳炯明爲定威將軍，陳赴北京道經上海，還特地到學校看他。

關於季陸先生由南洋公學轉學復旦公學及赴日留學的經過，已見前述。據季陸先生說，民國八年秋天，他因在日本受了一頓屈辱，憤而赴美，入浸信會所辦的俄亥俄威斯靈大學，他之赴美留學，受陳炯明經濟上的支助也很多。民國十一年，他在該校畢業時，陳還寄了一千五百元美金給他，準備他兩年之用。在收款之日，六月十六日陳炯明砲轟觀音山總統府的消息亦同時傳至，季陸先生以陳既背叛　國父，憤而將滙款退回，不願再接受陳的援助。

民國二十二年陳炯明在香港病故，至二十四年春，他的親友故舊要將他的靈柩由香港運回廣東，移葬惠州西湖。季陸先生認爲此舉不可行，因廣東省黨部決不容這個背叛黨國的人安葬西湖，他很想託人帶信制止而未果。其後陳之故舊擇定於是年四月二日將陳炯明移葬於惠州西湖紫薇山。季陸先生此時正在廣州任宣傳部長，在粵主持軍事者爲但懋辛先生，他與但先生商量說：「我有一件事要請教你，明天陳炯明移葬西湖，我相信他葬不下的」。他又將與陳炯明的一段往事原原本本的告訴但先生，並說：「大丈夫出入之間，公了公，私了私，我不管明天結果如何，我非親臨弔祭他不可」。但先生說：「我原亦應該去的，不過我從前奉命討他，逮他，現在與你一道去，恐怕不方便」。季陸先生看但先生面有難色，便說：「這件事已成過去了，我去只是爲了私交」。他趕到現場，果不出所料，黨部方面的人堅持不准安葬，陳的故舊見他來，竟臨時抬他出來以西南政務委員的身份擔任主祭，很多人不明眞象，掀起軒然大波。葬禮之次日，西南政務委員會開會，按過去習慣，會前委員們均在大客廳交換意見，談笑風生；可是這天他一進場，忽然鴉雀無聲，大家竟停止了交談，他心裏有數，已經明白是怎麼一回事了。

「你是個漢子，我不彈劾你了」

當時鄰座是蕭佛成先生，待季陸先生入座，蕭先生在桌上一拍，說：「季陸！你幹得好事，我生平最喜歡你的，很多人對你不利，我愛你的才華，但今天陳炯明安葬，你竟以政務委員的身份去主祭，我要彈劾你，我要彈劾你。」季陸先生默不作聲，亦不辯駁，停了一會，他說：「蕭先生，你罵得不夠，你再罵好了，你罵得愈痛快，彈劾得愈利害，我良心愈安」。蕭先生問他什麼道理，他坦白的說：「你我認識是在第一次代表大會時（民國十三年，蕭佛成先生係暹羅支部代表），但以前的黃季陸，你並無所知，你並不了解民國十三年以前的黃季陸」。遂將與陳炯明的一段交往經過，原原本本的告訴蕭先生，蕭先生聽後，又在桌子上一拍說：「你算是個漢子，我不彈劾你了，我們不提出彈劾了」。軒然大波遂告煙消雲散。

由此一事，可見季陸先生為人處世，公私分明。

脫穎而出展露才華

民國十三年（公元一九二四年）是中國一個新世紀的開始，在近代史上最不能忽略的一件大事，就是民國十三年一月二十日至三十日， 國父在廣州召開的中國國民黨第一次全國代表大會。在第一次全國代表大會的前後，季陸先生認爲是他個人捲入這個大時代洪流的契機與關鍵時刻。因此，我打算敍述幾件事，說明他如何脫穎而出，展露他的才華，以及對黨國的貢獻。

以加拿大代表身份出席全代會

季陸先生說：「當中國國民黨在廣州召開第一次全國代表大會的消息傳到加拿大後，他正在加拿大多倫多的醒華日報工作，一般同志僉認代表大會的召開，可以說是破天荒的一件大事。當時 國父倡導的革命，除了廣東一點政治基礎之外，革命的基礎多在海外，海外的黨務份量很重，所以參加代表大會的名單中，海外代表佔的百分比最高。那時國內地區都不便公開選舉，惟許多海外代表是經過正式選舉產生的，這與現在的情形恰巧相反。當加拿大選舉代表時，發生了分裂；一派反對陳樹人先生，一派擁護陳樹人先生，雙方壁壘森嚴，競爭激烈。擁陳派當然選舉陳先生爲代表，而反陳派却推舉季陸先生任代表；因此，加拿大代表出現了雙包案，陳先生在革命秘密時期，卽奉 國父令，派往加拿大主持黨務，資格是很老的。其後他離加返國，或任廣東省政府要職，或追隨　國父左右，在加拿大有很大的潛力。加東支部既推舉他任代表，他自然義不容辭承擔這個責任。老實說，論資望，論在黨的地位，陳先生都比季陸先生高。據季陸先生說：「在回國途中，他心裏想，到廣州之後，可能叫他當個列席代表，不會當加拿大代表的」。但到廣州之後，謁見　國父時，　國父却說：「加拿大同志舉了樹人當代表，其實樹人用不着他們舉，你年輕，你是一個最適當的青年同志代表。這次我們黨的改組大會要表現一種新的精神，要盡量讓年輕人參加。你剛剛在外國求學，同志們又這樣熱烈地推舉你，儘管支部的代表不是你，他們擁護樹人；但你是一般同志推舉出來的，我想你一定很勝任的，你就當加拿大的代表好了。樹人有地方讓他出席的」。結果，陳樹人是以廣東指派的代表身份出席，而季陸先生却是代表加拿大出席的。從此，季陸先生脫穎而出，更可見　國父對年輕人的提携和愛護。

被選為大會宣言審查委員

據季陸先生自述：民國十三年一月二十日，本黨第一次全國代表大會開幕後，當天下午繼續舉行大會，由　國父提名胡漢民等五人爲大會主席團主席，經大會通過後，旋卽提出大會宣言審查委員會人選案，交由大會討論。　國父主張宣言審查委員人數爲九人，由大會選舉。經過討論之後，多數代表主張授權　國父指定。　國父在考慮審查委員人選時，自然考慮老同志和青年同志及共黨加入本黨的分子，以適應當時的情勢。因此，他提出胡漢民、戴季陶、葉楚傖、茅租權、李大釗、恩克巴圖、王恆、黃季陸、于樹德等九人爲宣言審查委員會委員。經大會一致通過，當時，季陸先生之所以被提出，很出一般同志的意外，而 國父則要他代表青年和海外同志參加。所以，提名後， 國父曾叫季陸先生站起來，當衆介紹他在黨的歷史和工作。

大會宣言的初稿，是由 國父事先準備經由大會前臨時中央執行委員會提交大會討論的。在一般問題上，開始時還不覺得委員之間有什麼特別不同的主張，分不出國民黨和跨黨分子之間，劃有什麼鴻溝，可是，到了後來審查到宣言和政綱的重要問題上情況就不同了。國民黨員和跨黨分子之間，頓然發生理論與政策上，壁壘森嚴的現象。爭論爆發點表面上是在民生主義觀點的差異，而實質的問題，則完全在民族主義和民權主義方面，國民黨員和跨黨分子有根本不同的觀點和立場。季陸先生在審查委員中每遇爭論的發生，總是肆無忌憚一馬當先，和李大釗、于樹德二人弄得難分難解。爭執最烈的，除民生主義外，還有對外政策、關於收回租界、收回海關，取消外人在中國的特權的反帝國主義綱領部分。季陸先生衡量當時情勢，認爲不能做到的不宜提出，以免失信於民，後經激烈辯論後，審查會主席胡漢民先生作了結論，把關於反帝國主義的政綱條款，說得籠統一點，不必太顯明的提出。此一宣言，經過第二次擴大審查之後，於十三年一月二十三日的下午，便提交大會通過。可是在三十日，廖仲愷先生忽然提出臨時動議，要在已通過的政綱中加入下列三項：一、收回租界；二、在中國領土內之外人應服從中國法律；三、庚子賠款當完全撥作教育經費之用。前兩項自然與季陸先生的主張不同，在大會正式開會前因爲已看到這一臨時動議，便向廖先生表示反對。當大會開會時，出席代表發言，起初僅在程序上對本案應否加入政綱或另爲決議上討論，到了後來，會場的情緒急遽的轉到對本案的反對論調，形勢頓形緊張。於是　國父當卽向會衆剴切而詳細的說明，內云：「本總理贊成把本案加入在政綱中，當宣言政綱起草之時，本總理卽主張在對外政策中，應把收回外人在中國的租界、租借地、廢除不平等條約、外人在中國領土內應服從中國法律三事，明明白白的列舉出來。……本總理主張應當把這三件事大書特書，然後本黨此次的改組才有意義。……現在因應帝國主義來謀革命的成功的時代已經成爲過去了，現在是拿出鮮明反帝國主義綱領，來喚起民衆爲中國的自由獨立而奮鬥的時代了！不如此是一個無目的無意義的革命，將永久不會成功！」全場同志爲之動容，全體一致通過由　國父修正文字，加入政綱。季陸先生回憶說：「自覺對革命的理解不夠，深自懺悔。當聽到　國父把此案提出表決時所說：『贊成者請舉手』時，他的手不知是受了何等大的一種力量的支配，很自然的、自動的、輕輕的、高高的舉起來，衷心的表示贊同，表示折服！的確，當時此一重大的決策，是十三年本黨改組所造成中國革命的新頁，我們從因應帝國主義時代，走向了與帝國主義鬥爭，抓住了眞正革命的敵人的時代的開始，奠定了以後革命北伐統一全國，廢除不平等條約成功的基石」❻。從這一段史實，一方面可以看出　國父高瞻遠矚的眼光，和帝國主義鬥爭的決心和毅力；一方面也可以看出季陸先生受　國父精神的感召，深自懺悔，使他對於中國革

❻見黃季陸撰：「初生之犢不畏虎」，刊載傳記文學第四卷第四期。

命有了一個新的了解和新的認識。

堅主「不許跨黨案」的激辯

民國十三年一月二十八日上午，本黨第一次全國代表大會的議程，是「總章審查委員會的報告」，其中有所謂「不許跨黨案」的激辯，這是本黨和共產黨鬥爭上很重要的一幕。先總統 蔣公手著「蘇俄在中國」一書中，曾有如下的記載：「在大會中，方瑞麟、江偉藩、黃季陸等提議，在黨章中加一條文，規定『本黨黨員不得加入他黨』」❼。季陸先生當日是當事人之一，他說：當時大會主席胡漢民先生宣佈開會之後，即由汪精衞以審查委員會主席的身分提出報告。本案在大會開幕之前，有一部分老同志如林森、鄧澤如、謝持、方瑞麟諸先生和海外代表們，即已對 國父當日容納共黨分子政策有所懷疑，曾在廣州太平沙蕭吉租的公館裏舉行過好幾次談話會，預備對於共黨分子加入後有所取締防止。大會開幕之後，本來預備好了一個提案，因爲要推出一個資深望重的同志做提案人，而資深望重的人，又因顧慮太多，過分審愼，一要他們當先，却又謙虛遜謝了。季陸先生乃自告奮勇，願做提案人，謝持先生却說：「你太年輕，壓不住堂子」，因此到了大會開幕之後第九天還不曾將此案提出。不過季陸先生已經同方瑞麟先生取得默

❼見先總統 蔣公手著：「蘇俄在中國」，第二六至二九頁。

契，請方先生提出此案，方先生怕勢孤力單，頻頻對季陸先生說：「我提出後，你要來啊！」季陸先生說：「一定，我一定支持你」。

當汪精衞作了黨章審查報告之後，大會代表方瑞麟卽請求發言。他提議應在總章第一章第二條之後，增加一項條文爲「本黨黨員不許加入其他政黨」。他的理由是一個黨員只應有一個黨籍，如果有了一個以上黨籍的人，便須脫離一個，因爲那時的共黨分子是雙重黨籍，他們加入國民黨之後，而仍然維持了共產黨的黨籍。本黨同志那時指這班人爲「跨黨分子」，跨黨分子在此一提案通過之後，必須在脫離共產黨黨籍或脫離國民黨黨籍，兩者之中，選擇其一。大會主席胡漢民先生諮詢大會有無附議；於是附議之聲四起，此案便獲成立，由主席交付討論，辯論便自此開始。

首先搶得發言地位的是共產黨分子李大釗，他代表共黨分子提出申明書，陳述他們加入本黨的理由❽，李大釗的話委婉動聽，使大會一部分代表爲之動容，會場情形幾乎爲之逆轉，季陸先生是支持方瑞麟先生提案的一人，當他正請求發言企圖把會場空氣扭轉的時候，葉楚傖先生已先取得發言地位，由於當時容納共黨分子以個人資格加入本黨已成事實，加以李大釗的笑臉陳辭，葉先生的發言，雖然沒有明顯反對限制跨黨分子的主張，却也未曾對於主張限制跨黨的人有

❽詳見❼及「國父年譜」。

所聲援。最可惱的是汪精衞再以黨章審查委員會主席地位繼續發言，善爲說辭，會場的情形更形惡化。

接觸革命大問題的第一仗

季陸先生當時明知大勢已去，無可爲力，然而因爲他曾對方瑞麟先生有承諾支持他的提案在先，如果就此默默而息，對同志是失信，對自己的主張爲不忠，他更加想到：他自己是一個初出茅廬自海外歸來的青年，這是他接觸革命大問題的第一仗，如果他就此臨陣不前，此後還配得上在革命陣容中奮鬥嗎？於是他不甘示弱的繼汪精衞之後，取得發言地位。他說：「共產分子既是爲維護三民主義而加入本黨，爲什麼還要保持他們原有的組織？一個黨中有了雙重黨籍的存在，不是黨內有黨是什麼？他們雖然本心無他，假定將來共黨的紀律和利害決議與本黨相衝突時，在本黨中的共黨分子，究竟服從他們自己的決議，遵守他們自己黨的紀律呢？維護他們共黨自己的利益呢？還是維護本黨的利益呢？這很顯然是二者不得而兼，他們忠於本黨則違背了共黨的意志，忠於共黨則違反了本黨的意志，這情形不加防止，定必造成未來革命陣營中的大混亂。他們爲求有所貢獻於本黨而加入，將因此種情形而無所貢獻。退一萬步言，即使共產分子加入本黨得維持其原有黨籍，本黨已容納在前，不宜於此時有所變動，難道我們不能限制本黨原有的黨員不得加入其他的政黨嗎？因此我主張修正方瑞麟同志提議，作爲禁止本黨原有黨員只能有一個黨籍，不得加入其他政黨。李大釗先生既代表共產分子聲明加入本黨爲的是有所貢獻於本黨，我相信我此一主張既不影響他們加入本黨既成的事實，而只在限制本黨原有同志，不得再加入其他政黨，跨兩重的黨籍，他們應當諒解的」。

季陸先生的話剛說完，廖仲愷先生便起來說出一番事實和理論來不贊成季陸先生的主張，會場空氣雖然略有改變，而反對跨黨案者竟無繼起發言的人。主席胡漢民先生離開主席的地位，請林森先生暫代主席，發言也反對季陸先生的主張，大勢如此，便無可挽救了。廖、胡兩先生發言的苦衷，其原意則以爲容共是當日　國父迫於革命的需要的一項既定政策，深恐爲他這一少不更事的人所阻撓，而當日　國父又不在場，所以他們不得不力加制止。據季陸先生說：「他在事前曾將上項意見向　國父陳述過，　國父當時雖然沒有表示接納他的意見，却並沒有明顯表示他不應作如是的主張。他當然不能妄說　國父默認了他的意見，然而事實經過却的確如此，他不能更有所增添。至於有人說他是奉　國父之命而主張反對跨黨的，更非事實，　國父一向不如此做」。

當胡先生把話說完回到主席的地位時，忽然在季陸先生左後方有一個操湖南口音的人在報號發言，他大聲的在叫：「主席，三十九號發言，本席主張本案停止討論，卽刻付表決」。季陸先生向後端詳此爲何人。見得此人穿一件薄棉袍，身材不算高，面色白中帶青，態度倔強，一股蠻勁，有似從鄉下初進城的人，看不出有君子風度，他後來才知道此人卽後來的共黨頭子毛匪澤東，那時他還不甚出名。最後由主席胡先生將本案提付表決。主席說：「贊成本黨黨員不得加入其他政黨，不必用明文規定，僅照黨章中明紀律者請舉手」。結果，大多數贊成通過。

當時沒有錯

自限制跨黨案被否決之後，誠如先總統　蔣公在手著「蘇俄在中國」一書中對「李大釗的聲明」所說：「本黨對於跨黨分子既不必如此猜疑和防制，於是共黨以黨團的組織與活動，來把持、操縱、分化和破壞，就可以爲所欲爲了」❾。

據季陸先生自述：「戴季陸先生在抗戰勝利後的南京，一天談到共產黨猖獗的情形，忽然向我說道：『你當年眞是初生之犢不畏虎』，我問他此話何所指，他說：『我想起你在第一次代表大會時，對跨黨分子那樣的有成見，現在看起來，你當時是沒有錯的。那時你那種蠻橫的態度，正好似俗語所說的初生之犢不畏虎，不僅李大釗、于樹德兩個跨黨分子受不了，就是展堂先生（指胡漢民先生）也把你無可如何。轉瞬又是幾十年，現在你都兒女成羣了』，言下似乎不勝其感慨」❿，從這一段話，更可見季陸先生的確是一個敢說敢爲的人。

❾同❼，第二九頁。
❿同❻。

參加大本營法制工作

大本營法制委員會是民國十三年在廣州成立的，據季陸先生說：「當時， 國父鑑於革命經過長期的失敗和破壞之後，國家已漸呈露新的曙光，而必須對國家建設從事具體的策劃的，故設立法制委員會，來研訂策定革命建國的重要法制，以預備統一全國之後建立政治的體制與規模。」當時委員有胡漢民、古應芬、戴季陶、呂志伊、林雲陔、劉蘆隱、曹受卿、陳融、謝瀛洲、陸嗣曾、陳國榘、楊宗烱、邵元冲等先生和季陸先生，委員長及副委員長則由委員互相推任，第一任委員長是戴季陶先生，副委員長是邵元冲先生，戴先生赴上海，則推邵元冲先生繼任，副委員長則改推劉蘆隱先生，邵先生離粵後，又推劉先生繼任，副委員長則推季陸先生繼任，一直到國父北上逝世此一機構裁併爲止。法制委員會當時已完成的立法有：大學條例、考試條例、廣州市長選舉條例等，經由大本營公佈施行。未完成的有大本營組織法及其他有關建國大綱的立法。

季陸先生又說：他是委員當中年紀最輕的一人， 他之被推爲副委員長，他並不覺得僥倖，這正說明在革命發展接近高潮的時候，年輕人比較被重視，有異於平時起用人員時偏重資歷和年齡，委員長和副委員長的職務，本應由胡漢民、古應芬、呂志伊諸先生擔任，不但輪不到年紀最輕的他與劉蘆隱先生，就是戴季陶、邵元冲諸先生，論資歷和年齡，亦有所不及。由此可以看出當時資深望重的胡、古諸先生的風度是如何的謙和，他們對年輕人是如何的愛護，同時也可以看

出季陸先生的才華有值得他們推重和期許之處⓫

反共行動第一步

自民國十三年二月第一次全國代表大會閉幕後，根據大會通過的總章，以選舉產生的正式黨部，當以廣州特別市黨部爲最早，國民黨和共產黨分子間開始短兵相接，亦以廣州特別市黨部成立更爲具體化。首先要提及的是，廣州市黨部成立後，雖然成爲早期共黨眼中的右派大本營，但廣州市黨部的反共工作，並非由於 國父的指示。據季陸先生說：「我追隨孫先生多年，我覺得他是一位表裏如一的政治家」。他又說：「孫先生一生做事堂堂正正，光明磊落，胸懷寬大，不尚權衡。雖在極度困危的時候，也不輕於放棄自己所持的原則，枉以不正當的權術和詐術，不擇手段以獲成功。儘管有人認爲這是他不能及身見到成功的原因，在我的看法，這正是孫先生偉大人格的表現。正如胡漢民先生所說，因爲中山先生視革命爲當然不斷的進化，故以爲革命只有成功，而無所謂失敗，其樂觀由深切之認識而來，固無所用權詐爲目的而不擇手段了」。這一段話正說明他對 國父偉大人格的體認。

季陸先生說：第一屆中央執行委員會，由於他反共，與共黨撕破臉，不便參加，事隔不久，

⓫見黃季陸撰：「廣州大本營法制委員會的回憶」，刊載傳記文學第七卷第一期。

國父叫人通知他去見，並對他說：「現在有一工作，你是最適當的人選，最適合你去做。根據黨章規定，在廣州要成立特別市黨部，你應當去參加，這要全體黨員投票產生的」。不久，廣州市特別黨部成立了，季陸先生以幾萬票當選執行委員。孫科、吳鐵城、馬超俊、陳啓元、陳興漢、方瑞麟等先生亦分別以高票當選。這是一個用民主方式產生的正式黨部，季陸先生與孫科、吳鐵城、馬超俊等同志當選後，分別擔任組織（部長孫科）、工人（部長馬超俊）、及宣傳（季陸先生以常委兼青年部長）的責任。季陸先生在廣州特別市黨部管轄的事很多，由於他做事一向不向惡勢力屈服，仍持反共態度，因此被目爲「死硬派」。

廣州特別市黨部當時的確是一個反對共黨分子破壞本黨組織的黨部，誠如先總統　蔣公在其手著「蘇俄在中國」一書中所說：「廣州市黨部於六月一日，向中央黨部提出跨黨分子破壞本黨組織的檢舉案」⓬，即此一事，足資佐證。　蔣公又說：「本黨中央監察委員張繼、謝持、鄧澤如等亦於六月十八日根據共黨陰謀文件，向中央執行委員會提出譴責跨黨分子的彈劾」⓭，當有上下呼應的關聯。

此外，十五年之後，民國二十八年對日抗戰期間，中央派季陸先生爲四川省黨部主任委員，時先總統　蔣公兼四川省政府主席，季陸先生獲授全權，處理四川黨務，鼓舞民心士氣，動員人

⓬～⓭同❼，第三四頁

力物力，支持抗戰，不遺餘力。這也是他主持地方黨務的另一卓越貢獻。

戴季陶是他敬畏的師友

據季陸先生說：民國十三年初，他由加拿大首途返國，準備參加第一次全國代表大會，在歸國途中的船上，偶然翻閱太平洋雜誌，發現裏面有一篇報導美國農民黨（American Farmer's Party）被共黨滲透的文章，當時很引起他的注意，並曾詳細研讀，由於這篇文章的影響，引發了他對國際共黨陰謀的深切認識。其後他在黨代表大會中對「不許跨黨案」的發言，及在廣州特別市黨部與孫哲生（科）先生等向中央黨部檢舉跨黨分子破壞本黨組織，被鮑羅廷等目爲「右派」、「反共的招牌」，蓋亦源此而起。

在大會期間，因季陸先生與胡漢民、戴季陶兩先生同屬宣言審查委員會的委員，接觸較多，因此，他的反共思想深受他們的啓導。尤其他追隨戴先生的時間最久，受戴先生的影響也最大。季陸先生說：戴先生是他所敬畏的師友，也是共產黨最恐懼的敵人。當民國十四年 國父逝世以後，廣州發現一項共產黨內部宣傳的秘密文件，其中有一項是俄國顧問鮑羅廷對共產黨員分析時局的報告，在該報告中，鮑羅廷認爲當日共產黨的敵人有五個，他名之爲五個「魔鬼」：第一個是帝國主義，第二個是軍閥，第三個是買辦資本家，第四個是國民黨右派，第五個是「戴季陶鬼」。鮑羅廷說：「自殺是懷疑的結果，而戴季陶這個人連自殺都懷疑，所以他是一個最大的魔鬼，也是共產黨最大的敵人之一」。季陸先生曾將此事告訴季陶先生，他不但不生氣，反而哈哈大笑，認爲是知人之言，往往向人提起且引以自豪。季陸先生有一次曾問戴先生：「共產黨對你的咒罵，爲什爲你還感到得意呢」？戴先生說：「共產黨的惟一法寶是敎條，敎條最怕人懷疑，也就是最怕人有思想，我們能從思想上鞏固自己，共產黨的敎條就不會發發生多大作用，他們之所以深惡痛絕於我的原因，一定是由於我最近在這一方面的工作有了效果，使他們感到頭痛，這是一件可喜而不用厭惡的事」。戴先生所說的「工作」，便是指完成「接受總理遺囑宣言」（十四年五月起草）、「孫文主義之哲學的基礎」（十四年六月完成）、「國民革命與中國國民黨」（十四年七月出版）三部著作而言⓮。

胡漢民先生與西山會議

季陸先生曾說：「胡漢民先生的思想和行爲是一貫的」，而最令他佩服的是他的反共態度。中國反共運動中，不能不提到「西山會議」，而胡先生與西山會議反共運動有其深遠而重大的影響和不可分的關係。季陸先生認爲，若談反共而忽略了胡先生和西山會議一些人的奮鬥和影響，則是歪曲了歷史的眞象。他說：「民國十三年第一次全國代表大會中，由於當時容許共產黨份子

⓮見黃季陸撰：「懷念戴季陶先生」，刊載傳記文學第六卷第二期。

參加本黨，中央委員的名額僅有二十四人，選舉的結果，許多反共人士連中央委員甚至候補中委都未能選上，於是就把這些人安排到地方黨部上去，以充實各級組織的基礎。是以當時就有一種傳言：中央黨部是「左傾的大本營」，廣州特別市黨部是「反共的大本營」。迨民國十四年沙基慘案發生，香港總罷工，反帝的風潮擴大，共產黨的聲勢更是囂張不已，那時廣州特別市黨部已經近於解體，孫科、馬超俊等先生已經離開廣州，季陸先生時常接到恐嚇信，生命大受威脅，於是他決定趕快離開，另謀對策。乃向胡先生報告：「我看廣州的局面已不可爲，不如到外地另豎起反共的大旗，或者尚可使共黨分子有所顧忌，減緩對本黨的進攻，俟革命發展到相當的階段，再行予以制裁。所以我只好離開廣州，不但我要走，我希望你也走」。胡先生說：「我不能走，現在中國的中心有兩個，政治中心在北京，而革命中心在廣州。倘若我此時離開廣州，本黨的基礎，更將動搖，若是我們能把北京變成革命的中心，那我就可以走了。」胡先生的態度和勇氣使人崇敬，他的現實觀點亦值得佩服，當時季陸先生並不完全同意。但後來他說：「今日看來，從這一現實觀點可以看出胡先生對政治的遠見，因爲政治是不能脫離現實的。」

當時胡先生對共黨勢力的囂張，雖然深具戒心，但認爲尚可控制。他對季陸先生說：「在第一屆的中央委員裏面，我們還是多數，你趕快到上海去見季陶、右任、慧生（謝持）、子超（林森）、協和（李烈鈞）等人，叫他們趕快到廣州來，我們召開一次一屆四中全會，再商量出一個辦法來。」於是季陸先生就攜帶了胡先生的十幾封信，離開廣州，前往上海、北京、張家口、開封等地，約請中央委員們到廣州開會。他往張家口會見李烈鈞先生後回到北京，又去河南開封找王用賓先生（中央委員，當時任河南省政府政務廳長）。季陸先生完成任務後，由隴海路到徐州沿津浦路南下，預備回廣州，到了浦口，看報知廣州發生廖仲愷先生被刺案，共黨分子趁機猖獗，廣州是不能回去了。由上海赴廣州開會的謝持先生被迫折返上海。因爲廣州不能開會，必須另找開會的地點，於是在滬的中央委員幾經交換意見，才有民國十四年十一月二十三日在北京西山　國父靈前舉行的所謂西山會議。季陸先生說：「所謂西山會議，那只是一個世俗的稱呼，實質上應該是第一屆中央委員會第四次全體會議。若從一個史家的立場來說，西山會議的地位是不容抹殺的」。並說：「胡先生的思想與行動，始終是一致的。他是反共的先覺，西山會議的召開也是受他的影響的。」季陸先生了解當時的情勢，奔走接洽，對於反共的推進，也很有貢獻⑮。

推動耕者有其田的手

季陸先生不僅堅決反共，其後在本黨清黨期間，更曾返川執行清黨，重整地方黨務。在北伐和完成統一期間，他曾奔走上海、廣州、廣西各地，爲黨效力。抗戰軍興，他出任三民主義青年團中央團部常務幹事兼宣傳處長，旋先後主持四川省黨部和四川大學。勝利行憲，他任國民大會

⑮見黃季陸撰：「胡先生與西山會議」，刊載傳記文學第二十八卷第六期。

代表，至政府遷臺，出任行政院政務委員，旋任內政部長。歷任各職，都以實踐主義爲己任，也都卓著貢獻，爲衆所共知，玆不縷述。我覺得他效忠黨國，實踐主義，貢獻最多和最直接的，是他在內政部長任內實施耕者有其田和研訂「會議規範」兩事，及其後來從事黨史、國史的編纂工作。

先總統 蔣公在政府於民國三十八年播遷來臺後，卽有在臺灣推行土地改革的決策，三十九年六月公佈「耕地三七五減租條例」推行三七五減租。民國四十年行政院院長陳辭修先生爲了要了解三七五減租推行的情形，特約集湯惠蓀、李慶麐等專家學者，組織三七五減租考察團，由季陸先生和董文琦先生分任正、副團長赴農村作實地的考察，據季陸先生說：他們此行獲知了臺灣土地改革成功的兩項因素：一是當時蔣夢麟先生領導的農村復興委員會工作，由於服務的熱忱取得了農民的信任，對推行減租政策產生很大的助力；二是關於土地改革的許多基礎工作，如編造地籍卡片，地籍總歸戶以及各項統計工作等，由於農復會的協助，而獲得順利推展，爲三七五減租之後，迅卽進一步實施耕者有其田政策奠立了基礎。因此，三七五減租考察團的報告，建議進一步實施耕者有其田政策及普遍興辦水利與修建石門水庫，以積極提高農業生產和改進農民生活。

一尊大肚包容的彌陀佛

民國四十一年四月，季陸先生接掌內政部時，行政院決心迅速推行耕者有其田政策，即著手草擬耕者有其田條例，在草擬過程中，每次開會都有很激烈的辯論，如關於保留地的數額問題、老弱孤寡問題、等則問題、地價補償問題等等，特別是有一次討論條例第二十八條，關於佃農取得土地所有權後能否轉移的問題，爭論最烈。

當時爭論的焦點是：一部分人主張，爲了要保障耕者有其田的成果，應限制取得土地所有權的農人將其土地所有權移轉，另一部分人則認爲這是一項不合理的限制，因爲取得土地所有權的農人，目前雖然可以依靠其土地收入，維持較優的生活，但時間久了，人口隨歲月俱增，固定的土地收入何能維持與日俱增的人口消耗？事實上不能把農人固定的釘在不足養活他們的土地之上。因此只能限制必須在地價清償之後和繼承者必須爲耕者，在這兩個條件下，應准其自由移轉。季陸先生是屬於後一部分人中堅持最烈的一個。最後乃由蔣夢麟先生調和雙方意見獲致協議，規定：「耕地承領人依本條例承領之耕地，在地價未清償前，不得移轉。地價清償之後，如有移轉，其承領人以能自耕或供工業用、或供建築業者爲限。違反前項規定者，其耕地所有權之移轉無效」。季陸先生說：「我在此一條款協議之後，大大的鬆了一口氣，我向孟鄰（蔣夢麟字）先生說：『這一條款應當命名爲「蔣夢麟條款」，以紀念你折衝調和之努力』。他客氣的打趣我，他說：『這要歸功於你的肚子大，你有如一尊大肚包容的彌陀佛』！古人說，做大事的人要忍人之所不能忍，如果肚皮大可以代表容忍的話，我將引孟鄰先生打趣的話以自慰了」⑯。

「實施耕者有其田條例」經立法院完成立法程序後，咨請 總統於民國四十二年一月二十六日公佈施行，規定每一地主除得保留七至十二等則水田三甲，老弱孤寡地主、宗教團體及祭祀公業得比照保留外，其餘土地均由政府徵收，放領給現耕農戶，計徵收放領水田十二萬一千五百三十五甲，旱田二萬二千零三十三甲，總計十四萬三千五百六十八甲。承領農戶十萬六千零四十九戶。徵收及放領地區均按照耕地正產物兩倍半計算，承領農戶分十年，每年兩期平均攤還，繳納期滿就取得土地所有權，由原來的佃農變成自耕農，耕種自己擁有的土地⑰。

土地改革的實施，由推行三七五減租以保護佃農，進而實施耕者有其田，扶植自耕農，不僅作到改善農民生活，提高農民地位的目的，也為後來的經濟發展和國家建設，奠立了堅實的基礎，贏得國際普遍的讚譽，所以國際人士來臺參觀我們的土地改革，絡繹不絕，至今不衰。當時決定領導推行的先總統 蔣公及當時任行政院院長的陳辭修先生以及參與策劃的蔣夢麟和季陸先生均已先後逝世，而季陸先生當時出長內政部負推行之責，為國宣勤，有足多者。行文至此，緬懷仁慈的 領袖和辛勞的先賢，實不勝敬仰與懷念。

⑯見黃季陸撰：「敬悼一個土地改革者：蔣孟鄰先生」，刊載傳記文學第五卷第一期。

⑰見民國七十二年八月中央黨部編印：「我們的黨為我們農民所作的事」。

研定「會議規範」

季陸先生接任內政部長時，臺灣正開始試行地方自治及實施縣市鄉鎮長、省縣市議員的民選，內政部是在中央主管地方自治、推行民主政治的機關，他對　國父所倡導的社會建設，特別重視。尤其　國父所手訂的「民權初步」，他認爲是民主的基礎。他說：「一般醉心於民主政治的人往往把地方自治制度，視爲民主政治的基礎，在我看來，却認爲地方自治只算得是民主政治的基層，而不算得是基礎，民主政治眞正的基礎，是建築在實行民主或民權的諸多法則、例規和習慣的養成上。西方國家把這些法則、例規和習慣的研究叫做「議學」或議事法(Parliamentary Law)，亦即　中山先生在革命時期便手著「民權初步」一書的涵義所在。如果說地方自治是民主政治的基層，那麼地方自治的礎石，便是那些如何實行民主，表達民主的法則、成規和習慣，沒有這一穩固的基礎，民主的高樓大厦是建築不起來的⑱。他這一段話，深切體會　國父手著「民權初步」一書是教人民如何做主人的方法，亦即教國民如何去實行民主，以貫徹民權主義的具體方案。這的確是有卓見的。

季陸先生於民國四十一年四月到任後的第二個月，便在內政部成立了一個實施「民權初步」

---

⑱～⑲見黃季陸撰：「內政工作的一段回憶——紀念一位苦學奮發的工作者」，刊載傳記文學第十卷第五期。

的研究小組；參加人選，除了次長鄧文儀、蔣渭川及民政司長高應篤等各司主管外，並延聘崔書琴、包華國、邱昌渭諸先生爲顧問，並指定民政司的專門委員張良珍爲小組的執行秘書。那時內政部最迫切的工作是籌開第二次國民大會和執行上述耕者有其田的土地改革工作，大家都非常忙碌，但季陸先生却仍在百忙中，把實施民權初步的研究，作爲一項重要工作，鍥而不捨的加緊推進。經過長期研究討論之後，他們才發覺需要制定頒布一種「民主規範」（後來採用我的老友包華國兄的建議，名稱改爲「會議規範」），爲奠立民主推進民主政治實施的基礎。這一會議規範當然是要遵照 國父所著民權初步一書的內容，把它條文化、合理化，有一定的標準作依據，漸漸養成開會議事的常規。他們把工作的重點，集中在下列各項的決策上：一、把民權初步各項原則作成簡單具體的條文，由政府正式公佈，使其具有法規的效力，在運用與解釋上便可有一統一的標準，作爲引用與解釋疑難的依據，而不致參差不齊。二、在此時期，距民權初步一書出版已將及四十年，世界各國對於議事的法則，已有不少的變遷發展和改進，新的議事成例可資參考者甚多，如聯合國議事規則和各國國際會議的議事程序等，或多或少都值得加以考慮，有納入新頒的規範中之必要，以期更爲完善。三、普遍調查我國現存之開會議事各項不良習慣，尋求其癥結所在，研究其改善辦法，訂爲條規，以資補救[19]。

上述三項原則確定之後，便着手起草條規，於是此一責任便落到專門委員張良珍的身上。他把初稿完成之後，又由研究小組逐條逐項加以討論、修正和整理，大約經過一年的時間才初步定稿。然後又廣泛徵求學者專家和主管的意見，不斷增訂補充。草案定稿之後，適逢第二任總統就任期近，依例行政院長及閣員必須提出總辭職，聽候改組，季陸先生經過一再反覆思量之後，乃斷然於民國四十三年五月十九日由內政部以部令頒布試行。此一有創意的「會議規範」終於與世人見面了，對於民主政治的實施，確有重大的貢獻。

在會議規範公佈試行一年後，內政部研究小組的執行秘書張良珍不幸去世，季陸先生以其對於會議規範的研訂工作，是始於其事的一個人，用力最勤，辛苦特多，特撰「內政工作的一段回憶」一文，以「紀念一位苦學奮發的工作者」，由此一事，可見季陸先生對有才識而辛勤工作的部屬，是如何的信任、愛護和獎譽，此種長者的風範也是值得稱道的。

編纂黨史國史

民國五十七年十一月，季陸先生受任中央黨史史料編纂委員會主任委員，於主持黨史會期間，除大量編刊革命史籍外，並釐訂專案計劃，以科學方法整理史料，購置器材，編製卡片，清點史料，革新革命文獻之編纂方針，擴大出版範圍等，一一推進，黨史會業務乃因之蒸蒸日上。而公開史料，對中外學人提供研究上的便利，甚獲國內外學術界好評。尤以促成並主持 國父美籍軍事顧問荷馬李（General Homer Lee）夫婦靈骨安葬陽明山第一公墓，及創設中華民國史料研究中心二事，實具多方面意義與廣泛的影響。

民國五十七年八月，國史館館長羅家倫先生因病請假， 總統派季陸先生暫代館務，至五十八年二月眞除館長職務。季陸先生接任國史館後，首於新店北宜路興建新址，於六十二年全館遷入新址辦公，並陸續擴建史庫，大力徵購史料，加強人力，開展業務，乃成今日之規模。在其任職期間，曾增訂「國父年譜」，詳細校閱，並多所補充與修正；尤以「中華民國史事紀要」的編纂，實爲一大盛舉，更爲一般學者所讚揚。

季陸先生於國際學術文化的交流及學術會議的舉辦，無不悉力贊助。六十九年十一月，應德國慕尼黑大學的邀請，出席歐洲第一屆孫逸仙學術研討會，於宣讀論文外，並作中德關係的專題講演。返國途中，並訪問香港各學府。七十年八月在臺北舉行的國際性中華民國建國史討論會，七十三年五月舉行的中華民國歷史與文化討論會，季陸先生始終贊助策劃，並爲召集人之一。

季陸先生生平以開發民族文化資源、發揚文化大國的光輝爲己任，於現代史及革命史研究的倡導，無不努力以赴。自身亦擅長寫作，先後發表的著作有「國父的偉大及其革命志業的繼承」、「我們的總理」、「國父軍事顧問——荷馬李將軍」、「民主典例與民主憲政」、「劃時代的民國十三年」等多種；並與其他歷史學者合著：「研究中山先生的史料和史學」、「出席國際孫逸仙先生學術研究會報告」等書。其他論文散見各報章雜誌，而以發表於傳記文學者爲多，計七十餘篇，傳誦一時，治史者均視爲珍貴的第一手史料[20]。

季陸先生是一位豁達、寬厚、機智、風趣的先進，一生獻身黨國，終以心肺衰竭而逝世，其襟懷高曠及恒毅精神與風範，以及澤被人間的豐功偉績，必將萬古常存。我與他在參與革命的歷程中，相交已超過半個世紀，他逝世前四天還與我隔座參加井塘先生的追悼會，突然撒手西歸，不及最後一面。回憶前塵往事，於傷痛懷念之餘，更不勝衷心的敬佩。

（民國七十四年六月三十日）

---

⑳見黃季陸撰：「一次最具歷史意義的工作報告」及「增訂國父年譜的經過」，分別刊載於傳記文學第二十六卷第六期與第十五卷第六期，及黃季陸治喪處所述「黃季陸先生事略」，暨李雲漢撰：「黃季陸先生革命經歷簡記」，刊載於新知雜誌第一年第五期。

英華内歛 古大臣風

余井塘

右：余井塘先生於民國六十四年偕夫人往歐洲避壽與華壽崧父女攝於巴黎路易十四銅像前

左：余井塘先生於民國四十一年卸任內政部長與新任部長黃季陸先生合影

結交指松柏

彥棻老兄雅正

述作凌江山

戊午秋余井塘

余井塘先生書贈著者對聯

井塘先生是一位德性醇厚、器識宏毅、「英華內斂」有古大臣風的棟樑之士。他以黨爲家，以國爲命，勤於治學，樂於育才，自奉儉約，待人謙誠；而秉性正直，平生言行以公理、正義、是非爲依歸，置個人得失、利害、名位於度外，尤爲朝野所稱道。故其逝世之後，　總統褒揚令云：「綜其生平，操履清愼，守正不阿，讜議忠誠，擇善固執，育才從政，功績孔昭，匡濟時艱，耄齡無懈」，可見井塘先生「忠藎明德，已足不朽」。

由相識至締交

本年十月十八日爲井塘先生九十一歲冥誕，憶起我與井塘先生，由相識至締交，有許多巧合之處。在研究學問上，我們都崇信合作主義，而且都敬仰合作大師薛仙舟先生。民國九年井塘先生就學復旦大學，受仙舟先生薰陶，篤信合作主義。嗣留學美國西北大學，攻讀經濟學，認爲歐美經濟學說，着意個人財富的累積，傾向資本主義，忽視大衆利益，有背我國國情及民衆福祉。其後他研讀　國父民生主義，深覺契合中國傳統思想，旋於民國十二年加入中國國民黨，著有「民生主義哲學的研究」，刊載於美國三藩市少年中國晨報。我亦於民國十二年由海濱先生介紹入黨，旋於十四年，幸蒙國立中山大學（前身爲廣東大學）選派赴法國深造，在巴黎大學跟當時舉世知名的合作運動大師季特教授(Prof Charle Gide)研究合作原理，對薛仙舟先生提倡合作理論與合作制度及其精闢的見解，亦非常崇敬。我並預定研寫的博士論文，是以我國合作運動爲範圍的，而且因爲我親聆 國父演講民生主義之後，也曾寫了「民生定義的眞諦」一文，作爲研究的一些心得，眞是與井塘先生的研究旨趣不謀而合。

講授合作經濟

井塘先生留學美國，我留學法國。井塘先生於民國十四年回國，身雖任教，實則從事黨務工作。迨十六年國民政府奠都南京，仙舟先生深知其才識，推介於陳果夫先生，任中央組織部秘書。其時先總統 蔣公兼組織部長，果夫先生爲副部長，井塘先生受知於 蔣公，蓋自此時始。井塘先生於同年兼中央黨務學校教授，講述合作經濟。民十八年復兼任中央政治學校教務主任。我則除在法國留學時，一面研讀，一面從事黨務工作，主持駐法總支部的黨務外，回國後也曾任國立中山大學法學院院長兼教授，講授「合作論」，說起來也有些偶然的巧合。

處事公平合理

我和井塘先生開始認識，是在民國十八年。當時我代表駐法總支部回國參加本黨第三次全國代表大會，抵南京後，到中央組織部報到，承井塘先生接見。當時駐法總支部的同志對黨事意見分歧，思想不一，有屬於「改組派」者，有屬於「西山會議派」者，我則屬於擁護中央之黨部。三全大會後，我要回法國繼續研讀，組織部要我提供如何健全駐法總支部的意見，井塘先生對我的建議深表同意，決定組織駐法總支部指導委員會，以統一歐洲本黨的組織，中央所派委員包括了各方面的優秀忠貞同志，我深感井塘先生處事非常公平合理，並樂於聽取及採納別人的意見，這是在我認識他以後首先所獲的深刻印象。

服務的人生觀

井塘先生於本黨第四屆中央執行委員會膺選爲中央執行委員，我則於第六屆也膺選爲中央執行委員。集會時較有請教機會，因此相互認識較深。民二十三年春，井塘先生任江蘇省政府委員兼民政廳長，輔佐陳果夫先生推行地方自治；我則於二十九年八月任廣東省政府委員兼秘書長，襄贊省主席李漢魂先生推行地方自治，且迭爲文予以推動。井塘先生隨於二十八年任中央政治學校畢業生指導部主任，創辦「服務月刊」。他本從政的經驗，體察畢業生的實際需要，並彙集教授和各部門主管人員的智慧，充實該刊內容，使畢業生既是讀者，亦兼作者，互相交換服務心得，增進工作效率。這種在校時教育與離校後教育的連貫實施，以及以鼓舞服務精神爲獨特風格的月刊，當時在國內確是很少見的，這種創舉值得讚揚。我則不論任教或任其他公職，隨時隨地都重視宣揚　國父「人生以服務爲目的」的遺教，並於國立中山大學及廣東省政府任職時，分別組織「鄉村服務實驗區」、「公餘服務團」以實施　國父的訓示。政府播遷來臺，我首任私立德明商業專科學校董事長時，卽於該校大衆觸目之處，高豎　國父遺墨「人生以服務爲目的」八個大字，以資號召，並規劃推行。我對井塘先生，可以說是「私淑其人」，所以在若干工作的看法和做法上，也每有相類的地方，這也可以說是一種巧合。

第一家信用合作社

薛仙舟先生是井塘先生所最崇敬的一位老師，井塘先生是仙舟先生所特別賞識的好學生，陳果夫先生則與仙舟先生交誼素篤，對他非常尊敬，禮之如師。果夫先生畢生爲推進合作運動，努力不懈，固由於他本人的信仰、熱情與堅強的意志，但也是由於接受了仙舟先生思想的影響。井塘先生從美回國後，仙舟先生卽推介井塘先生於果夫先生，從此，井塘先生既不斷受仙舟先生之薰陶，復追隨果夫先生從事合作運動的實際工作。其實，井塘先生在五四運動後，卽已積極提倡合作主義，民國九年已創辦「平民週刊」，在仙舟先生指導下，該刊成爲國內提倡合作主義，推行合作運動的早期刊物，而且當時以此爲推行合作運動的中心。民國十一年更聯合上海合作儲蓄銀行等合作團體，進一步成立上海合作社聯合會，由井塘先生主持會務，而國民合作儲蓄銀行實際上就是中國推動合作事業的第一家信用合作社。

從以上所述事實，一方面可知井塘先生是一位篤信合作主義，尊師重道的合作運動推行者，我們只要讀了他所撰的「我所認識的薛仙舟先生」及「薛仙舟先生的夫人」這兩篇大作中所顯示對合作認知之眞切，及對合作大師薛仙舟先生流露着的至性至情，不難窺見其一斑，這也是値得欽敬的。

兩件大事

我認識井塘先生之後，對他處事公正、感佩最深的還有兩件大事：第一件事是制憲及行憲國民大會，大會召開之前，本黨組織了中央提名候選委員會，以吳鐵城、陳立夫兩位先生爲召集人，井塘先生和我爲秘書。會中對人選意見紛歧，時起爭執，我和井塘先生必要時也曾提供意見，藉知井塘先生顧全大局，並不偏執，因此我也樂予合作解決爭端，達成任務，在此期間，我們共同工作，可以說艱苦而愉快。

另一件大事，是民國三十五年九月，三民主義青年團在廬山召開第二次全國代表大會，會後我調任中央團部副書記長，和袁守謙先生兩人協助書記長陳誠先生處理團務。這時，各地黨部和團部由於組織工作的發展，難免發生磨擦。我由中央黨部調派中央團部服務，大概是希望能加以協調；但由於當時政治情勢，動盪不安，共產黨又到處挑撥分化，尤其蠱惑青年，製造學潮，大家都覺得如果黨團仍不能團結一致，力量難免抵消。經過再三研商，本黨便決定撤消三民主義青年團，實行黨團合一，以期集中力量。爲了籌議黨團統一組織的實施辦法，民國三十六年七月成立黨團統一組織委員會，以吳鐵城、陳誠、陳立夫三先生爲召集人，我和井塘先生也奉命參與其事。到了同年九月九日在南京召開中國國民黨第六屆執行委員會全體會議及黨團聯席會議，便正式實行黨團合併，並首先統一中央黨部團部的組織。由於井塘先生爲人態度誠懇，處事公正，使我們在召集委員領導之下，合作愉快，又順利完成了黨團合併的一件大事。

直言敢辯

民國三十九年政府遷臺後，井塘先生任行政院內政部長，我則任僑務委員會委員長，同爲政務委員，出席院會。五十二年井塘先生出任行政院副院長，我則調任司法行政部長，仍同在行政院服務。後來井塘先生任總統府資政，我已調至總統府工作，公務上仍常有接觸。

迨我離開總統府，我與井塘先生仍時有交往。每逢假期或過年過節有暇時，常到臺北市青田街井塘先生寓所訪候請教，他對當前國事黨務，每有積極性的批評和精闢的建議。他遷到仁愛路新居後，我首次拜訪他的時候，他精神矍鑠，交談甚久，滔滔不絕。這是最後的一次了，談話內容，古今中外，涉及頗廣，很有意思，可惜我的日記沒有把它記錄下來。七十四年三月二十八日，井塘先生出席交通銀行常務董事會發言後昏暈不醒，不幸於四月五日逝世。我深以未及於其生前問疾並與訣別爲憾。

井塘先生一生忠黨、愛國、好學，嚴以律己，寬以待人，生活簡樸，廉潔自持，直言敢言，切中肯棨，這是我最敬佩的。

記得我離開總統府後，有一天，他親自來訪，並贈我他親書而裱好的對聯，詞曰：

結交指松柏
述作凌江山

此聯字體蒼勁，饒有古意；而寓意高雅，更令我感念而欽遲，這是我所收藏的友人贈品之一，我予以珍藏永資紀念。

（民國七十五年十月）

以保名教爲己任的儒臣

張其昀

上：張其昀先生於民國三十九年與中國國民黨中央改造委員會同仁合影

下：張其昀先生於民國五十三年主持文化大學第一屆研究所畢業典禮與師生合影

一代儒臣

辜鴻銘論人才：「張之洞爲儒臣，曾國藩爲大臣，李鴻章爲功臣。儒臣以保名教爲己任；大臣則知天下之安危，論行政之得失；至於功臣不過是有功之臣而已……儒臣在大臣之上，而功臣則在大臣之下。」

張曉峯兄歷任黨政文教要職，而綜其一生，都從事教育、著述，爲中華文化之薪火相傳而努力，以「保名教」爲己任，實不愧爲一儒臣。

彥棻於抗戰時期在三民主義青年團宣傳處長任內，認識張曉峯兄，以後或同事於黨務或合作於政壇，已奠立了四十餘年不平凡之交，曉峯兄給我的教益和啓示至多，敬佩良深。

患難之交

當我擔任三民主義青年團宣傳處長時，爲使距重慶較遠的大學青年學子有機會聽到著名學者的專題演講，曾邀請各大學的著名教授到各校主講各項課題。當時曉峯兄擔任國立浙江大學地理學系主任，名聞全國，我乃邀請他到貴州等地講學。

民國三十二年三民主義青年團舉行第一次代表大會，正式成立，我與曉峯兄一同當選爲第一屆中央幹事會幹事。我們兩人的關係就從此開始日趨密切了。民國三十八年元月二十一日先總統蔣公引退溪口時，彥棻曾奉召前往晉謁，逗留期間，偶晤曉峯兄，親聆其教益，對其深淵的學識及卓越的風格，乃有更深的認識。稍後，匪禍蔓延至杭州，我當時擔任中國國民黨中央執行委員會秘書長，中央黨部已遷至廣州，曉峯兄嫂避難至穗，彥棻即予接待，並電報 總裁。旋奉電示，囑請曉峯兄伉儷赴臺北，我乃購備機票代爲安排一切送他們赴臺，由此開始，我與曉峯兄更是患難之交，相知益深。

在黨方面：曉峯兄任中央宣傳部長時，我任中央秘書長；中央改造委員會成立，曉峯兄接我原任秘書長的職務，我則任第三組主任；在革命實踐研究院，我與曉峯兄同爲院務委員，後來，曉峯兄擔任研究院主任，我擔任指導委員及兼任講師。

在政方面，民國四十三年曉峯兄擔任行政院教育部長，我擔任僑務委員會委員長，共同爲推展華僑教育作了一次極密切而收效的合作和努力。後來，我們兩人也同時離開行政院。其後我雖再度從政，而曉峯兄則致力於文教工作。

我以上所說我們曾同事於黨務，合作於政壇，回憶前塵，眞有工作配合、精神貫通、聲氣相投的感覺。

從編輯地理教科書開始

曉峯兄於民國十二年卒業於南京高師後，初入商務印書館從事地理教課書的編輯工作，隨轉任國立中央大學教席，民國二十四年，大學畢業才十二年，即以一僅在國內受過高等教育的青年而當選中央研究院第一屆評議會評議員。

他隨後擔任國立浙江大學系主任、院長，因聲譽日隆，而見重於黨國，曾被選爲第二、三、四屆國民參政員及制憲國民大會代表、暨第一屆國民大會代表。

大陸淪陷，政府遷臺，曉峯兄先後擔任本黨　總裁辦公室秘書組主任、中央宣傳部長、中央改造委員會秘書長、革命實踐研究院主任及以學者從政，轉任教育部長，後又奉召擔任國防研究院主任。曉峯兄此時即決心以教育事業來爲國家盡其最大努力，故在國防研究院後期，他便創立中國文化學院，而發展成爲今日規模宏大的中國文化大學。

彥棻有幸，在文化學院創辦時，即被邀參加該院董事會，以事忙未就。迨民國六十九年中國文化學院升格爲大學時，我已於六十七年交卸總統府秘書長職務，曉峯兄於我退休的當日下午，親至敝寓，懇切邀請我兼任文化學院三民主義研究所五權憲法專題講座教授，當時我以私務繁冗，未即應聘，其後一再洽約，至六十九年在曉峯兄力邀之下，以友誼難却，且從事教育工作向具興趣，才勉爲其難。前年暑假後我因年事已高，曾一度懇辭教席，未蒙允許。及後曉峯兄之公子鏡湖世兄於去年擔任中國文化大學董事長，我又被邀續任三民主義研究所博士班講座。彥棻終感負擔太重，將聘書璧還並向新任所長唐振楚兄表示，請其另聘高明，接替我的教席，鏡湖世兄知悉，曾於八月二十六日下午四時偕其夫人枉駕舍下懇談，隨將聘書留下，誠意感人。我當時不便固却，擬於數日後再行退還，並準備到榮民總醫院問候曉峯兄，詎料當天晚上十時左右，突接陳以令同志電話告知，曉峯兄已不幸逝世了。彥棻一面爲曉峯兄之逝世哀痛不已，一面深感鏡湖世兄之熱誠，乃不願立卽辭卸教席，而只得再任一年。

我與曉峯兄有一相同之處：兩人同出身於高師（他畢業於南京高師，我畢業於廣東高師）；同由教育崗位轉任黨政（他由浙江大學文學院院長轉業，我由中山大學法學院院長轉業）；也同由黨政崗位轉回教育工作。

著述與掄才

曉峯兄確以「保名教」爲其畢生的事業，他無論站在那一崗位，都必以立言、立功、立德並重。他擔任中央宣傳部長時創辦「中國新聞出版社」、「中國一周」等書刊，他擔任中央改造委員會秘書長時，創立「中華文化出版社」、「文物供應社」，出版「學術季刊」、「新思潮」及親撰「黨史概要」，及至在創辦中國文化學院時期，更埋頭編印「中文大辭典」、「中華地圖集」、「世界地圖集」、「蘇俄、日本、中華百科全書」及撰述「中國地理學研究」與「中華五千年史」等，其他專著及論文數百種，實難盡述。

曉峯兄畢生最重視兩事：一爲著述，一爲掄才。他嘗自稱：一生治學，不外五事：一曰國魂，卽闡揚三民主義之精義，以爲立國之本；二曰國史，卽探索中國文化之淵源及其對人類社會之貢獻；三曰國土，即研究中華民國在世界政略與戰略中之地位；四曰國力，即衡斷經濟建設對國計民生之關係；五曰國防，即籌劃國防教育，期從文藝復興而喚起愛國思想與民族正義，進而培育中華民國之新生力量，以完成復國、建國之大業。

用人結網最寬、最多

曉峯兄這高超之境界，已不止爲「知國家之安危，論行政之得失」的大臣，無疑是「保名教」的儒臣了。

曉峯兄治學除了重理論也重實踐。他擔任教育部長時，在臺北市南海路植物園旁建立國立歷史博物館、科學館、藝術館、教育資料館，教育電視臺和廣播電臺，以及恢復中央圖書館，統稱之爲南海學園。更值得頌揚的，他一手辦理延長國民教育由六年至九年，並促成國立政治大學、清華、交通、中央各大學，以及私立東吳、輔仁等大學之復校。把我國教育事業推至一新的境界。

「中原不是無麟鳳，只緣皇家結網稀」，在我認識的朋友中，用人結網最寬、最多的，曉峯兄是其中最突出的一人。

曉峯兄在先　總裁身邊，如有建言必先談學人學術，從許多紀念曉峯兄的文章中可以看到，很多學人不是直接受到曉峯兄提携的，就是間接受到曉峯兄鼓勉的。連國學大師錢賓四先生當年由香港回國擔任日本訪問團團長，也是曉峯兄爲提高學人地位而向先　總統推荐的。他在中央改造委員會秘書長任內，一發現各單位有特別優秀的人才，他就親筆以蠅頭小楷寫信給他們鼓勵，信寫得簡潔有力，充滿熱情，溫暖得使受信人衷心銘感。

希望野無遺才

曉峯兄在文化學院及文化大學時期，他隨時留意公職人員的進退，如國內黨、政機關的首長，以及我駐外的使領人員，一到退休時，曉峯兄常按其人的專長，羅致於校內擔任教席，希望野無遺才。如溫源寧、王之珍、劉毓棠等先生，都是被邀請任教的名教授；他又創設「華岡教授」以禮遇一些學者，如錢賓四、黎東方及已故的吳經熊等先生，就是受他禮遇的名學人。

記得戰後日本首相吉田茂曾經自負地說過：「我對日本的貢獻，就是在任內培養了一百個大臣。」我們似可爲曉峯兄這樣說：「曉峯兄對黨國的貢獻，就是爲黨國培養了無數的幹部。」

彥棻今天爲紀念及懷念曉峯兄寫此短文，內心至爲激動，我與曉峯兄不但數十年交往，且亦數十年鄰居，現在師大路八十六巷，我們兩宅毗鄰連門，可惜今後再不能見到曉峯兄那溫厚沉毅的風采了，但我們可以告慰的，便是他仍將永遠活在舉國的心中。

（民國七十五年八月）

謙謙自牧的君子

張靜愚

右：張靜愚先生於民國十七年任北伐軍航空隊司令時

左上：張靜愚先生於民國四十九年代表我國資方參加日內瓦國際勞工會議致詞

左下：張靜愚先生爲中原大學化學大樓啟用剪綵

張靜愚先生於民國三十七年任第一屆立法委員時攝於南京

張靜愚兄是一位砥節勵行、敦厚樸實、篤信基督、忠黨愛國、熱心教育的先進同志。我和他締交始自民國十八年開始。是年中國國民黨召開第三次全國代表大會，他代表本黨駐英國利物浦支部，我代表駐法國總支部返國參加，因爲都是在國外留學的學生，又是海外的代表，所以見面晤談，格外親切。三十四年本黨召開第六次全國代表大會，我們都是出席代表。全會開會時，常有晤敍。後來，他當選爲中央候補執行委員，我當選爲中央執行委員。三十五年對日抗戰勝利後，我們都膺選爲制憲國民大會代表，參與制憲工作。三十七年我們又同時膺選爲第一屆立法委員，參與立法工作。由於公誼上的接觸，更增進了彼此間深厚的友情。

自政府播遷來臺後，靜愚兄從事黨政工作之餘，更爲教育文化事業作了許多奉獻。曾於民國四十二年，會同基督教會裏熱心教育的中外人士們，在桃園中壢市，創辦中原理工學院，後於民國六十九年升格爲中原大學。自四十五年起，他卽任該校董事長，因爲我的小兒至豪在該校攻讀土木工程，我被選爲家長會代表，曾往該校參加會議，偶爾也對校務的發展，提供一些淺見。

虔誠的基督徒

由於我們兩家都住在臺北市浦城街附近，住處僅隔一條巷子。再加他的夫人陳秀德女士，也是我夫婦的廣東同鄉，因此時有來往。靜愚兄嫂都是虔誠的基督教徒，經常在他們的家裏聚集親友，一同查經證道，我夫婦雖非基督教徒，有時也同往參加聽道。而且靜愚兄和我都是曾經辦過教育的人，閒聊起來，也更覺契合。今謹憑回憶靜愚兄生前和我的交談及有關資料，略舉述其生平對國家社會的重要貢獻，藉表誠摯的追思。

規劃空軍建制

靜愚兄於民國八年，負笈歐洲，入英國利物浦工學院習機械工程，民國十三年學成歸國，時先總統　蔣公任黃埔軍校校長，靜愚兄奉　國父令派軍校校長室任　蔣公英文秘書。十四年一月蔣公率黃埔軍校教導團及粵軍東征，靜愚兄曾參與棉湖之役。是年七月，任廣東航空局業務處長。十五年三月，任大元帥府航空局長，八月改任國民革命軍總司令部航空處黨代表兼處長。十七年一月，奉國民政府任命爲北伐軍航空隊司令，協同陸軍作戰，加速北伐軍的勝利，勛績卓著。十八年一月，任軍政部航空署中將署長，奉　蔣公命創設航空班並兼班主任，爲筧橋空軍官校之嵩矢，曾榮獲空軍鐵十字勳章。因此靜愚兄可以說是參與我國現代空軍建制奠基的重要人物之一。

參與財經建設

民國二十一年七月，靜愚兄調任河南省政府委員兼建設廳長，曾先後完成各項電訊、水利，及公路工程。二十九年三月，任財政部總稅務署署長之職，完成稅法，改進稅務，增裕國家稅收，供應抗戰軍需，厥功至偉。

自政府播遷來臺後，靜愚兄於民國三十九年，受任經濟部政務次長，襄贊擘劃復興基地經濟政策，不遺餘力。四十三年任臺灣鋁業公司董事長。五十六年調任臺灣機械公司董事長。在此期間，靜愚兄並曾先後七次任吾國資方代表，出席聯合國日內瓦國際勞工大會，報告我國經濟進展實況，引起國際人士對我經濟的重視。所以靜愚兄也是一位參與近年來我國財經建設工作，著有貢獻的人物。

主持中原理工學院

靜愚兄晚年用力特多、貢獻最大且最爲人所稱道的，是促使中原理工學院茁壯成長，後來昇格爲大學。他的主旨是在爲國培育富有基督精神的工程人才。在建校初期，經常往返於臺北、中壢，櫛風沐雨，不辭勞瘁；舉凡開鑿水井、接通電源、興建教室及一切設備，都躬親督導。蓽路藍縷，經之營之，費盡心血，使中原大學成爲國內培育人才的完善大學之一。今日追思靜愚兄熱心奉獻教育工作，爲國家培育了無數人才，其功眞不可沒。

語云：積善之家，必能蔭及子孫。靜愚兄的男女公子兒媳及婿輩，均學有專長，在國內外機構服務，均有成就，克紹箕裘，足慰靜愚兄在天之靈。

靜愚兄生前沉默寡言，然言必有物，切中肯綮，誠如易經所云：「謙謙君子，卑以自牧」。

於黨於國　為榦為楨

唐　縱

唐乃建先生於民國四十八年接任中央委員會秘書長與　蔣公及張厲生先生合影

唐乃建先生於民國四十七年任臺灣省政府秘書長與陳副總統、周至柔主席及廳處長、縣市長合影

唐乃建先生於民國五十八年四月十一日任駐韓大使
返國出席第二次使節會議時攝

唐乃建先生於民國五十三年任中央委員會秘書長應
邀訪美在甘迺迪墓園獻花時攝

沉靜剛毅不苟言笑

我於民國三十二年三月，由廣東省政府秘書長奉調擔任三民主義青年團中央團部宣傳處長，從曲江回到戰時首都重慶以後，才和乃建兄建立友誼的關係。當時三民主義青年團的高級幹部爲商討時局問題，常有集會，乃建兄時任職軍事委員會委員長侍從室，他與我都常被邀參加，接觸的機會較多，因而漸建立深厚的友誼。

乃建兄當初給我的印象是沉靜剛毅，不苟言笑；如有發言，每有卓越的識見。相交日久，更認識他好學深思，處事精細，待人接物藹然可親，從不疾言厲色。他出身黃埔軍校，可說是有儒將之風範。他追隨先總統 蔣公，受特達之知，歷任要職，每能完成交付使命，貫徹黨的決策。

民國三十八年，大陸變色，政府播遷臺灣。 總裁鑒於大陸失敗的教訓，要從事黨的改造，把革命事業從頭做起。其時我擔任本黨中央執行委員會秘書長，乃建兄則任總裁辦公室第七組組長，嗣又被指派爲研擬本黨改造綱要的高級同志八人之一，因此往來較密，承教亦多。

民國三十九年九月，本黨實施改造，成立中央改造委員會，我奉派爲第三組主任，掌理海外地區各級黨部的組織、訓練、宣傳、僑運等工作；乃建兄奉派爲第六組主任，掌理匪情蒐集研究、心理作戰、政治作戰等對敵鬥爭及社會調查工作。第三組的前身是海外部，一切事務規章，尚有成規可循，而第六組則是新設置的，一切有待開創。誠以本黨在大陸上的挫敗，主要是同志對共黨的認識不清，戰勝敵人的信念不堅，中了敵人挑撥離間分化之計，以致黨內同志間團結不固，因此在中央改造委員會之下特設第六組，以加強敵情的研究分析和對敵鬥爭工作。

網羅大陸問題專家

乃建兄在第六組任內，建立黨的社會調查制度，充實了小組活動的內容；在對敵心戰方面，實施對大陸廣播與空投工作；在政治作戰方面，策動建立反共聯合戰線；在敵情研究方面，則廣事蒐集資料，進行各項專題研究，每星期並向中央改造委員會議提出重要匪情研析報告，實為中央決策上很有價值的參考資料。他網羅了一些專家學者從事匪情研究，並把專題研究報告，彙印為「認識敵人」專輯。開創了國人研究大陸問題的風氣，反共人士有理論上批駁共產思想制度的武器，使國人對中共的暴行更有深一層的認識。現在，國際間重視中國大陸問題的研究，國內大專院校也已有大陸問題研析的講授課程，其中不少專家學者是乃建兄當年所網羅、所培植的。

我主持海外黨務，對於乃建兄派遣同志到大陸邊緣的海外地區，從事對敵心戰及蒐集敵情資料等工作，莫不囑咐各地黨的負責同志，隨時協助，配合無間。同時，我也隨時把第六組編印的匪情專題研究資料，寄發各地黨部同志參閱運用，以堅定僑胞同志反共必勝的信念。

民國四十一年十月，改造完成，中央委員會成立，我仍任第三組主任，而乃建兄則由第六組主任調任第一組主任，掌理自由地區各種各級黨部的組織、訓練，及黨政關係協調工作。他一直負責五年之久，到民國四十六年十月，因奉調臺灣省政府秘書長，才交卸第一組主任。他任職期間，遵循 總裁的訓示，依據本黨爲革命民主政黨的特性，致力於黨的戰鬥體和以黨領政制度的建立，對於嚴密黨的組織、融合黨政關係，貢獻甚大。

以黨的組織領導從政人員

乃建兄鑒於憲政時期的「以黨領政」體制與訓政時期的體制不同，不是以黨來領導政府，而是以黨的組織來領導從政黨員，透過從政黨員來實現黨的政治主張。因此，他根據黨章規定的原則，釐訂本黨黨政關係大綱及從政黨員管理辦法，提經中央常務委員會議通過後，付諸實施。其目的，爲樹立政黨政治的規模，使黨的組織與領導，切合行憲後的政治體制。依照規定，本黨對於各級民意機關及政府的關係，係以組織管理黨員的原則，分別建立民意機關及政府中的黨部、黨團或政治小組，使服務民意機關及政府中的黨員遵從黨的決議，執行黨的命令，貫徹黨的主張。是以，在中央，對五院從政負責同志，分別成立政治小組、黨部或黨團；在地方，則成立政治小組、政治綜合小組，及議會黨團；即是依據不同的情況，建立各種不同形態的組織，來貫徹黨的決策。

我於民國四十一年三月兼任僑務委員會委員長，一切僑務措施，都遵照黨的決策來進行，也參加行政院的政治小組，對乃建兄所建立的黨政關係，有更深的體會。

乃建兄於民國四十八年三月調任本黨中央委員會秘書長，我仍擔任中央第三組主任，至民國五十一年十二月，因爲我已出任司法行政部長關係，才奉准辭職。後來我被選任中央常務委員，每星期出席中央常會，所以和乃建兄的交往，並未因我辭去第三組主任而稍有疏遠。

在乃建兄擔任黨的秘書長期間，首先致力鞏固政府領導中心。因爲依憲法第四十七條規定：「總統、副總統之任期六年，連選得連任一次」。民國四十九年五月，第一屆國民大會第三次會議舉行時，先總統蔣公已屆滿十二年。然而時值非常，全國上下莫不籲請蔣公繼續連任，但謀求解決之道的意見，則甚爲紛紜。乃建兄秉承中央決策，努力化除偏執的歧見，解除了憲法第四十七條規定的限制，對憲政的實施，貢獻良多。

建立黨友制度

其次，乃建兄在秘書長任內，研訂建立黨友制度，也是一項創新而有意義的工作。他認爲本黨係革命民主政黨，基於革命的本質，黨的組織要求嚴密，黨員和幹部的條件要求嚴格；但基於民主的性質，在政治運作上則應要求從寬。在他的規劃下，於民國四十九年九月擬訂了「爭取黨友結合民衆工作綱領」一種，提經中央常會通過，並提報八屆三中全會後付諸試行，以期實踐總裁「不是敵人，便是同志」的訓示，擴大社會反共力量的團結。

乃建兄曾撰寫「黨友工作的理論與實踐」一書，其內容係針對「爭取黨友結合民衆工作綱要」，詳細加以闡述。他指出黨友工作的要旨：

㈠在黨政的體制下，黨爲從競選中爭取勝利，自不可無廣大的支持者。黨的行動，必須獲得民衆的支持與參加，才能贏得革命民主的勝利。爭取黨友結合民衆工作的目的，是在於擴大黨的社會關係，厚植黨的行動力量。

㈡黨友一詞，是黨內對於同情者、支持者與合作者的一種泛稱。黨友仍然有其游離性與可變性，不像黨員之爲黨的基本成員，亦不受組織和紀律的約束。

㈢黨友運動是民運工作和聯戰工作的一種方式。黨友的工作，無固定的組織形式，其工作的展開，完全隨工作需要而決定。譬如黨在民運工作中，要建立民衆服務站的理監事會，及民衆補習學校的董事會，這卽爲黨友工作的形式。

㈣本黨黨章規定爲民服務是每一個黨員的義務，聯繫黨友，卽是服務民衆的工作。在民主政治社會，民衆對於某一個政黨的擁護與否，隨時可以改變其態度與立場。本黨如果能夠隨時針對不同類型的民衆，採取各種爭取的方法，做到化敵對者爲中立者，變中立者爲同情者，擴大黨友的人數，則可以掌握民衆中的多數，使黨的政策得到民衆擁護而貫徹實施。

推行黨友工作時，我仍擔任第三組主任，乃卽擬訂具體實施辦法，在海外地區配合推動。由於海外華僑社會係以商業性活動爲主導，且在外人政治勢力統治之下，各地環境至爲複雜，故我採取以僑團僑校爲基地，透過反共愛國團結運動爲主要工作形式。同時，配合運用各地僑胞回國觀光訪問，以及華僑青年回國升學或觀摩的機會，來擴大海外地區的黨友關係，厚集黨在僑社的羣衆力量，粉碎中共在海外的滲透赤化陰謀活動。每逢雙十國慶等紀念節日，海外各地舉行慶祝活動的踴躍，回國參加慶賀僑胞人數的年年增加，可說是在海外地區推行黨友工作明顯績效的例證。

我與乃建兄相交凡四十年，深佩他是三民主義的忠實信徒，是國民革命的堅強鬥士，翊贊總裁，運籌黨務，是本黨的棟樑人物。他於民國七十年十月病逝，忽已週年，追憶故人，實不勝其惆悵！略述乃建兄在黨務工作的卓越貢獻，藉抒永遠懷念之思。

（民國七十一年十月）

獻身工運　畢生不渝

陸京士

陸京士先生（左）與馬超俊先生合影

上：陸京士先生（右）於民國三十四年與杜月笙先生（中）戴雨農將軍合影

下：陸京士先生於民國六十三年率團赴非洲肯亞出席國際福利協會與當地部份代表合影

民國七十二年十二月三十日凌晨，梁子衡兄突然以電話告訴我：「陸委員京士於二十九日晚去世了！」我驚聞此一噩耗，簡直不能相信。因爲在他去世的前一天（二十八日）下午三時中央黨部舉行中央委員及評議委員座談會，我還和他見面，他曾在會議中，對七十二年底舉辦的立法委員選舉有關本黨輔選工作的得失，及制定勞動基準法，發表意見，條理明晰，鏗鏘嘹亮，博得很多出席者的掌聲。在他講完經過我的座位時，我讚佩他的發言，並互約最近再敍。豈料翌日晚上他竟撒手西歸，從此人天永隔。

獻身勞工運動

京士兄是一位志氣豪邁、極重道義、忠黨愛國的革命志士。他一生獻身勞工運動，竭智參與立法，促進勞工福利。我和他初次相識，是在抗戰時期的陪都重慶。那時我擔任國際反侵略會中國分會執行部主任，這個團體的主要任務，是經常將我國對日抗戰的壯烈事蹟，向國際報導，以爭取國際友人對我抗日的同情與支持；並在國內進行反侵略的宣傳，鼓勵國民振奮抗日。當時京士兄任職社會部組訓司司長，負責組織農工商學各界團體，並主管全國民衆運動。國際反侵略中國分會的國內任務，是一項重要的抗日民衆運動，而且需要農工商學等團體動員支助，才能獲致廣大的響應和實際的效果。基於工作的關係，我和京士兄時常洽商，交換意見，以期配合推行。此一反侵略運動，不但在國內發生作用；而且得到國際有關社團的重視與贊助。這固然由於國內外各方面的配合支持，而京士兄對我們熱心協助，也是一個主要因素。這一段和我們有關的經過，京士兄曾在傳記文學叢刊裏的一篇文章中有所敍述，使我感念不已。

「窮人不再無知」

民國三十四年抗戰勝利還都南京，我在中央黨部擔任副秘書長，京士兄亦調任農工部副部長，同在中央服務。以後，我和他又擔任制憲國大代表，及行憲後均當選立法委員，在三十九年來臺以後，仍常有接觸。其間，最使我不能忘懷的有兩件事：一是在我主持司法行政部時期，曾發生「黃豆」案，我職責所在，祇有依法處理。據所了解，京士兄很接近的朋友，有些對我不大諒解；可是他和他們的看法不同，對我慰勉有加。京士兄並曾在其撰文內提及此事。另一件事是民國六十年我擔任中央常務委員時，中央爲加強推進社會建設工作，成立社會建設督導組，我被推爲召集人。是年四月二十二日舉行中央社會工作會議，全國各有關機關、社團及專家學者均被邀請出席，研討進一步推行「民生主義現階段社會政策」及「社會建設綱領」，我被推任大會主席，京士兄亦應邀出席會議。因爲當時他擔任國際社會福利協會執行委員及中國委員會主席，甫於前一年九月率團出席在菲律賓馬尼拉舉行的第十五屆國際社會福利會議，特請他專題報告：「國際社會工作的新動向」，就人口控制、促進具有勞動力人口充分就業、所得安全制度、都市化與住宅、青年及經濟與社會平衡發展等六大問題，作了詳細的分析。在他的結語中說：「今天由於國與國間文化交流的密切，傳播事業的發達，以及教育的普及，貧窮者已不再是無知者的別名，窮人不再像過去一樣將他們的貧窮，歸諸於命運，如果再想把社會的財富操在極少數人手中，這是不可能的事了。所以如何推行民生主義社會政策，消滅貧窮，使我們的社會成爲一個均富、安和、康樂的新社會，將是我們這個時代的社會工作人員所應努力追求的最高目標。」他這篇報告，是在十二年以前發表，已具有新的觀念，並列舉國際社會工作的動向及事實，印證本黨推行民生主義社會政策的正確性，啓發和勉勵社會工作人員努力的途徑，博得出席會議人士的喝彩。我擔任中央常務委員時，京士兄任中央政策委員會副秘書長，常列席中央常會，固然時常見面；但在我離開總統府後，交往更多，他常屈駕到我家中，閒話滄桑，兼及當前時事，識見深遠，古人所謂「益者三友」，益信而有徵。

兩項重要勞工立法

京士兄一生從事工運，無論抗戰時、勝利後及戡亂時期，均有卓越的貢獻；而在立法院中，更是資深敬業的委員，對勞工立法每有切中肯棨的建議。例如民國六十八年修訂「勞工保險條例」，他對於增加勞保各項給付主張放寬，以及力主改善勞保醫療設施，均獲採納通過施行。至於倡議統一社會保險，設立中央社會保險機構，參考國際先進國家實例及針對我國需要，列舉具體理由，條陳意見，堪稱爲極具價值的見解。當時雖因衡量政府財力，未能及早定議；但目前勞工保險範圍擴大，投保勞工高達三百餘萬人，給付標準提高，限制減少，已增進了勞工福利，奠立了將來全面實施社會保險的基礎。又關於「勞動基準法」的制定，立法院進行審查時，勞資雙方對工資優先清償的規定，持不同的看法，京士兄首先提出「工業安全基金」的構想，已逐漸獲得勞資雙方的同意。單就這兩項重要勞工立法而言，京士兄確有不平凡的建樹。復因他坦蕩豪爽，是非分明，據理力爭，而又豁達大度，待人以誠，故常能在立法院協調折衝，達成中央所交付的任務。

京士兄逝世後，各大報多以重要篇幅，刊載他逝世的消息，稱讚他畢生致力工運，功在黨國，終身依法論事，典型長留人間，實至名歸，並非溢美之詞。因此他溘然長逝，不僅勞工界損失了一位識見高超的領導者，民主殿堂損失了一位講大是大非的民意代表；而且黨國也損失了一位忠黨愛國的志士。緬懷往事，因撰此短文，對這位益友，藉表追思悼念於萬一。

（民國七十三年一月）

盡瘁僑報五十年

胡秩五

胡秩五先生與著者、何世禮先生合影

上：胡秩五先生於民國六十四年接受政府頒授勳章時攝

下：胡秩五先生於工商日報新廈落成與嘉賓合影，右起關祖堯 夫人、方樹泉、胡秩五、鄧肇堅、張仲文、何世禮伉儷、關祖堯等

對朋友——盡義，
對國家、社會——盡忠，
對蒼生——盡德。

這是香港工商日報社長何鴻毅先生代表他的父親何世禮將軍，在胡秩五先生追悼會上對胡先生「蓋棺定論」的三句話。以世禮兄和秩五兄長久亦賓亦友的關係，對事務的觀點和見解自有良好的默契，經營報社亦有相同的作爲和步調，當然對秩五兄的評述，最值得肯定和認同。彥棻與秩五兄相交相知數十年，對其盡義、盡忠、盡德的高超品格，知之甚深。世禮兄給秩五兄如此適切的褒揚，我深有同感。

秩五兄享壽八十二歲，自公元一九三〇年進入工商日報主持筆政至一九七〇年退休止，前後達四十年。他和世禮兄始終保持親如手足、互敬互助的情感，世禮兄對秩五兄可以說信任有加，而秩五兄亦傾其全副精力輔理報務，這種對朋友盡義的精神，報社同仁固所樂道，社會人士亦深爲讚美，港澳新聞界且引爲佳話。

海外的孤臣孽子

工商日報於民國十八年（一九二九年）由何東爵士接辦，翌年秩五兄即參加報社工作。該報首創「爲祖國服務，爲僑胞謀福利」之宗旨，進而「謀工商界聯合，以達眞正救國之目的」強烈表達救國救民的偉大情操。在其發刊詞中有一段話「……卽使共產問題，現在共產黨雖極力宣傳，然中國之不適合共產……故我國民之不贊成共產，商界固有然，卽工界亦多有然」，更鮮明顯示其堅定的反共態度，秩五兄亦始終服膺此一反共立場。疾風知勁草，板蕩識忠臣，自中共竊據大陸，政府播遷臺灣，少數報紙轉而親共，工商日報却始終本着「孤臣孽子」的心情，揮舞反共大纛與共產邪惡勢力鬥爭，誅伐不遺餘力，鼓舞海外僑胞敵愾同讎的情緒，在港澳發揮了反共宣傳的巨大作用。其所發表的社論，騰揚海外，轟動朝野。先總統　蔣公至爲重視，曾多次召見該報主筆，面予嘉勉。該報社論所以爲人重視，實出於秩五兄銳利的眼光，和獨到的見解。綜觀秩五兄服務新聞界數十年來，秉着大無畏的道德勇氣，堅持新聞自由的理念，其堅定的反共立場完全出於其良知良能，他這樣默默地爲反共事業努力耕耘，奉獻心力，至死不渝，這種對國家社會盡忠的精神，尤爲我所敬佩。

嚴肅中有溫情

秩五兄一生剛直耿介，淡泊名利，彥棻與秩五兄同爲國家在不同工作崗位上効力，把臂交談機會雖不多，但每次晤聚必促膝暢敍，在他言談中讓我直覺到嚴肅中有溫情，踏實中有遠見，這種眞摯溫暖的感受，敎我永難忘懷。以他這樣超乎世俗的書生個性，光明磊落的君子風度，加上那份愛報忠國的滿腔熱誠，塑成一個優秀文化人的模範。

秩五兄廣東省順德縣人，畢業於廣州敎忠師範學校，後來從事報業工作，彥棻亦爲廣東順德人，留法前曾畢業於國立廣東高等師範學校，十五歲即任廣州采風報校對，不久轉任外勤記者，我與秩五兄是同鄉，又是同道，亦是同行，我們之間自然意趣相投，加以彥棻與世禮兄數十年手足之交，由於他的關係，我們更加接近，交情也愈爲密切。

彥棻曾於役海外工作十多年，當時受命於大陸淪陷後，海外反共工作亟待加強之際，首先致力於促進僑胞團結，加強反共宣傳；在發揮僑報功能方面，世禮、秩五二兄給我諸多的指教與協助，更値得慶幸的是工商日報始終爲海外反共宣傳的一個中心，發揮中流砥柱的作用。

隨報社停刊而逝世

我們知道工商日報曾被當年南京中山文化敎育館選爲中國十大日報之一，我們從客觀標準鑑定，工商日報確是反共最得力、最成功的報紙之一，由於各種原因，工商日報不得已於去年（七十三年十一月）停刊，其時秩五兄正臥病醫院，他的親友及該報同仁皆不敢以此相告，不幸秩五兄亦隨報社停刊而逝世，難道是一種「巧合」，抑是一種相互「殉道」的精神結合，此不得不使我們哀傷與嗟嘆。

工商日報停刊後，香港親共報紙利用作爲統戰的宣傳，我方新聞界則深表痛悼，關心海外反共的人士也感到無比的惋惜，彥棻相信，工商日報停刊沒有任何政治因素，亦絕非因主其事者意志消沉，秩五兄的退休，使報社失去一位堅強的領導人物，倒可能是停刊的一個重要因素。

「哲人其萎」秩五兄的逝世與工商日報的停刊，造成海外極大震撼。但我相信，秩五兄堅定的反共態度與工商日報長期對共產邪惡勢力的鬥爭，已經深深烙印在海外僑胞心中，而這股澎湃的反共力量，亦將永遠持續壯大。秩五兄雖離我們而去，但他的風範留給我們無窮的追思，而他的精神將永遠鼓舞着我們。他所殫精竭智爲工商日報樹立堅忍不拔、威武不屈的風格，亦將在報史上留下永垂不朽的典範。

彥棻驚聞秩五兄噩耗後，深感哀悼，一直無法釋懷，謹於哀痛傷感之餘，寫此短文，藉表哀思與悼念。

（民國七十四年一月）

勤勞負責 落實基層

戴仲玉

戴仲玉先生參加僑務座談會與著者、何宜武先生合影

戴仲玉先生巡視連江縣時攝

半世紀的知交

故福建省政府主席戴仲玉兄，是一位賦性敦厚、氣宇非凡、苦幹實幹、忠黨愛國的同志。今年五月十一日，因積勞突發心肺諸疾，入三軍總醫院就醫，藥物罔效，不幸於二十一日溘然長逝。我於十五日午後，得知他生病的消息，即於晚六時赴醫院探望，因探病時間已過，未能進入加護病房，次日再往探望，仲玉兄已不能講話，他知道我來看他時，仍點頭示意，並握着我的手，似欲有所言語。十九日我因摘除白內障入住榮民總醫院，於二十二日傳來噩耗，短短十天，即人天永隔，實不勝傷悼。

我和仲玉兄既是同志、同事，又是相交幾達半世紀的摯友，公誼私情，歷久彌殷。抗戰時期政府遷都重慶，我曾奉派擔任三民主義青年團中央團部籌備時期的中央臨時幹事會常務幹事，仲玉兄任幹事會幹事。當中央訓練團在重慶成立時，我被派為該團教育委員會主任秘書，嗣任該團高級班主任秘書，仲玉兄曾在該團高級班受訓。三十二年三月二十九日，三民主義青年團在重慶復興崗召開第一次全國代表大會，會中仲玉兄和我都當選為第一屆中央幹事會幹事。

參加救國組織

三十四年五月，抗戰勝利在望，本黨召開第六次全國代表大會，為了加強黨團關係，特定名額，由三民主義青年團選舉代表出席參加，仲玉兄和我均當選爲出席代表。大會選舉第六屆中央執行委員，仲玉兄和我又均被選爲中央執行委員。三十五年十一月十五日召開國民大會，仲玉兄和我都是制憲國民大會代表，參與制憲工作。

迨政府播遷來臺，本黨決定實行改造，重新建立革命組織。三十九年八月五日，中央改造委員會正式成立，我被任命爲改造委員會委員兼該會第三組主任，仲玉兄被任命爲第三組副主任。嗣後我復奉命兼任行政院僑務委員會委員長，仲玉兄也曾任僑務委員，數十年來接觸頻繁，且得其臂助之處甚多。茲就與仲玉兄生前交往所知及有關資料，略抒所感，藉表追思。

仲玉兄青年有爲，卓爾不羣。蒿目時艱，矢志報國，毅然投筆從戎，考入黃埔軍官學校第五期。結業後，歷任軍職，戰功彪炳。迨九一八事變，國土淪陷，國人抗日思潮日熾，仲玉兄參加救國組織，獲選入武漢政訓班受訓，旋奉派華北政工總隊服務。其後受命回閩協助學生軍訓工作，及推展抗日救國青年運動，激勵人心，卓著績效，深爲當局所倚重。

二十七年抗戰軍興，全國動員，仲玉兄出任戰時閩省省會永安縣縣長，安定後方，組訓民衆，整飭政務，成績斐然。迨厦門市陷敵，先後遷任敵前龍溪縣及建甌縣縣長，該兩縣均屬要衝鉅邑，仲玉兄臨危受命，配合軍事部署，鼓舞民心士氣，前方人心爲之安定。嗣奉命籌設福建省保訓合一幹部訓練所，出任所長兼教育長，主持全省民教師資及聯保主任集訓重責。二十八年又奉命籌設福建臨時參議會，擔任秘書長；旋又轉任福建省軍管區徵募處少將處長，綜理役政，益宏展佈。抗戰勝利，仲玉兄任三民主義青年團中央幹事會幹事兼福建支團幹事長，重行肩負領導青年運動工作。迨黨團合併，任本黨中央執行委員兼福建省黨部副主任委員。在此期間，仲玉兄對黨團的合併、黨務的改進，以及民運的推展，均有所建樹。

從事地方建設

三十八年大陸淪陷，仲玉兄渡海來臺，當局以閩粵兩省海外僑胞衆多，亟待加強團結，乃被派赴海外襄助宣慰僑胞，激勵華僑反共信心，貢獻良多。

仲玉兄先後當選制憲及行憲國民大會代表，以衆望所歸，被推選爲第一屆國民大會三、四、五各次會議主席團主席，並奉中央指定爲黨團召集人。以工作卓越，迭蒙中央頒給獎章，對於鞏固領導中心，宏揚民主憲政，亦有貢獻。

四十四年初，中央器重仲玉兄的才識，特遴派出主福建省政，在金、馬戰地推行政務，加強建設，生聚教訓，支援軍實。八二三砲戰期間，領導金門居民遷臺定居，民心得以安輯。其後，前線施行戰地政務制度，省政重心轉移，乃以蒐集匪情資料、展開對匪心戰、聯繫海內外閩籍人士，研討光復後建設方案爲要務，妥愼籌謀，時有獻替。六十一年膺任本黨中央評議委員，翊贊中樞，允副衆望。

往昔論人，以「溫、良、恭、儉、讓」爲上乘，綜觀仲玉兄爲政愛人，可謂集諸美德於一身。宜其積善餘慶，澤裕後昆，子女皆學有專長，卓然有成。茲值仲玉兄於臺北市天主教聖家堂隆重舉行祭禮之際，因抒所感，以誌悼念。

（民國七十五年七月）

身在朝而言在野

李樸生

鄭彥棻先生與于斌（中立者）李樸生（左一）毛松年（左三）諸先生合影。

海外無人不識君

「海外無人不識君」的李樸老，不幸於今年八月二十七日在美國舊金山逝世，當我接到這一消息，情不自禁的黯然神傷，久久不能釋懷。

樸老活到九十一歲，交遊滿天下，而我和他的關係，更是非比尋常。早年我們在廣東高等師範同學，但他入學比我早些，是我敬愛的好學長；來臺後我和他一起工作，朝夕相處了十二年，更是我得力的好同事；他退休後近二十年來，無論在國內、在海外，仍時相往還，或互通音問，也是我相知甚深的好朋友。因此，特就我們相交數十年的往事，略述一二，以誌追思，藉留永念。

「貨真價實」的華僑

樸老生於民前十五年十二月二十八日，誕生地是印尼蘇門答臘亞齊埠。他的父母都是當地老華僑，父親讀書很少，母親沒有讀過書，全不識字；終年全靠勞力謀生，所以家境貧寒，並不是現在一般人所想像華僑都是有錢的。樸生先生十五歲時，父親因患腦溢血突然病逝僑居地，家境益爲艱苦。但他母親很能幹，也很有見識，他不滿意亞齊埠的環境，爲了使兒子將來有出息，便托水客帶樸生先生回廣州升學。所以樸老是一位「貨眞價實」的印尼華僑，也是七十六年前回國升學的老僑生。

因爲這種關係，樸老對海外僑情最爲通達，在海外也極得人緣，做起僑務工作來也甚能得心應手。他原先來自海外，逝世仍在海外，一生從事公務也是以海外工作爲重心，眞可算是一位了不起的愛國華僑。

鋒頭最健的好學長

當年樸生先生由印尼回到廣州後，就讀於廣東高等師範附屬中學。他大我六歲，但我十六歲那年，因爲家境清寒，想唸中學再升入大學，事實上不可能，所以高等小學雖然沒有畢業，也以同等學力報考高師附屬師範，結果考個備取第六名，稍後才正式遞補入學。高師附校雖有附中附師之分，但校長都是金曾澄先生，許多著名的老師如楊果菴、馮春風、劉芙初、倫達如等，都是附中附師共有的老師，校址也同在高師裏面，所以從這時起，我和樸生先生已經是同學了。根據樸生先生的自述，他受了芙初老師的影響，原選定考入數理化部的，但入學三個月後覺得數學愈學愈難，遂轉入文史部，這一點是有些和我相同，我也是受了芙初老師的鼓勵，才報考數理化部的，但我讀到畢業都以數學爲主科，不過我自知雖然學得不好，却沒有樸生先生當時立刻轉部的勇氣和決心。

樸生先生在校時卽擅長寫作，喜愛語體文，思想新穎，才華橫溢，他的國文老師黃樵仲先生本來是反對語體文的，但對樸生先生的作文，每每擇優「貼堂」，並加眉批，以示鼓勵，同學也爭相傳頌，大加欣賞。那時樸老在其他方面，表現也很卓越，他是全校學生組織的負責人，也是廣州學運的代表人物，鋒頭甚健，事事居領導地位，我當時只是在他領導下的一名小卒而已。

樸生先生快要在高師畢業那一年，我還是附師三年級的學生，他還曾奉派到我班實習，所以他不只是我的學長，而且是我的老師，不只是年齡比我大，班級也比我高，而且思想、學問、經驗都在我之上，是我所敬佩的好學長。

五四運動廣東方面的領導人

民國七年，當北京的五四運動尚未發生之前，由於北京政府與日本簽訂了所謂「中日共同防敵協定」，我廣東籍的留日學生前輩如丘念台、陳延炯、連聲海諸先生先後返廣州，呼籲各校學生同起反對，各專上學校學生已有愛國反日組織，及至五四運動傳至廣州，更積極擴大各項愛國抗日活動，首先將各校原有學生會組織，擴大爲全省性之「廣東全學生聯合會」。當時樸生先生已爲國立廣東高師的學生領袖，卽被推爲聯合會會長，展開愛國反日運動。除了響應全國各大都市的一般性活動外，我們特別重視深入鄉村宣講，演出愛國話劇，實行抵制日貨（名之曰劣貨）運動，更從事文教工作，加強反日意識，辦理愛國平民義學，推廣新文化運動。樸生先生和現尚在臺北的朋友崔載陽、馮炳奎等創辦「人社」，出版「人聲」旬刊，鼓吹新文化，全用語體文寫作及橫排，充分表現他們的新思想和創作性。其時，廣東學生對五四運動的看法分爲兩派：一派認爲「讀書固要不忘救國，救國也要不忘讀書」，另一派則高呼「罷課救國！罷課救國！不罷課焉能救國？我們焉有閒心上課!!」樸生先生屬於前一派，所以後來他們創辦了一所「知用中學」，頗有成就。

在五四運動期間，樸老還被推爲代表之一，專程前往上海，晉謁　國父中山先生，面聆懇切指示，這是一項富有意義的史實，也是與五四運動在廣東的發展有重大關係的。就此來說，樸老的功勞也是不可埋沒的。

能謀能行的好公務員

民國三十九年八月，我奉調爲中國國民黨改造委員兼第三組主任，四十一年又兼任行政院僑務委員會委員長，我深信「中興以人才爲本」的道理；爲發展海外工作，我特請樸生先生爲第三組副主任兼僑務副委員長，因爲樸生先生富有海外工作經驗，且有遠程理想。子衡兄在悼懷李樸老一文中，提及「鄭彥棻有謀，樸老助之以行」。其實，他固是一個切切實實的執行者，但也是深謀遠慮的。許多重要僑務會議的召開，和重要僑務問題的處理，在決策的階段中，樸老都不吝提供意見，對我的意見，他也不盡贊同，有時盡力辯論，力求妥善的。這正是他富有見解而且「知無不言」的風格，值得讚佩的地方。

樸老因爲出身於僑生，他對回國升學僑生的照顧，視如家人子弟，親切而誠懇，從不以副委員長身份自居，所以僑生們都樂意和他接近，不拘形跡，融洽無間，很得僑生的愛戴。同時，他對僑生的輔導工作，也有獨到的見解，他認爲僑生畢業後回到僑居地工作，負有推進國民外交及與共黨份子鬥爭的任務，必須先在國內學習有關這些工作的課外教育，並提出下面幾個要點：

一、培養其在華僑社會中具有獨立的、民主的領導作風，有組織的及領導的能力。

二、健全其分析及批評的能力，使能隨時隨地發揮與共黨鬥爭、與其辯論的才能。

三、訓練其就業的實用技能，處處表現出祖國教育的高度水準，是個受到中國文化薰陶出來的新人物。

此外，樸老還有許多長處和特點，人緣好、熱忱足，待人處事，坦誠率直，故善於聯繫各方，通達無阻，對業務推展，大有便益。我在僑委會任職期間能略有貢獻，實得樸老之助力爲多。

身在朝而言在野

樸老少負文名，後來常在報刊上發表文章，其知名度益噪。他的文章，筆法自然，不事雕琢，別有一番風味，而其意境高超，奇峯迭出，與衆不同。因此，不論在朝在野，老少婦孺都愛看他的文章，擁有廣大讀者羣。古人論文，着重有「奇氣」，樸老下筆行文，可謂深得其中三味。有些人說他「身在朝而言在野」，「名位蓋過官位」，是得是失？他毫不在意，仍然我行我素，這就是中國智識份子所抱持的特色。

談到樸老著作的內容，均能言之有物，從不涉於空泛。所寫「我不識字的母親」、「我可佩的華僑朋友」，雖非經世匡時之作，却贏得國內外人士熱烈的廻響。又所著「我學歷史的處世受用」、「華僑應如何反共」，係以歷史的角度，從歷代興亡的事實，來檢驗仁政暴政的成敗，雖非突出之論，但他能運用特殊的筆觸，舉出許多事例作參證，充分顯示其說服力和公信力。他如「華僑發展簡史」、「華僑問題導論」、「回國升學五十年」、「我也爲孔子訟寃」等大作，則爲學術性的論述，也甚受青年朋友所歡迎。

人生於世，能獲「遐齡」，能得「高望」，如樸老者，實堪敬佩。

（民國七十五年九月二十七日於臺北）

附錄

敬述 國父業師
程君海先生二三事

上：程君海先生故居懸有鄒魯先生親題「帥傅遺居」匾額

下：程君海先生墨蹟

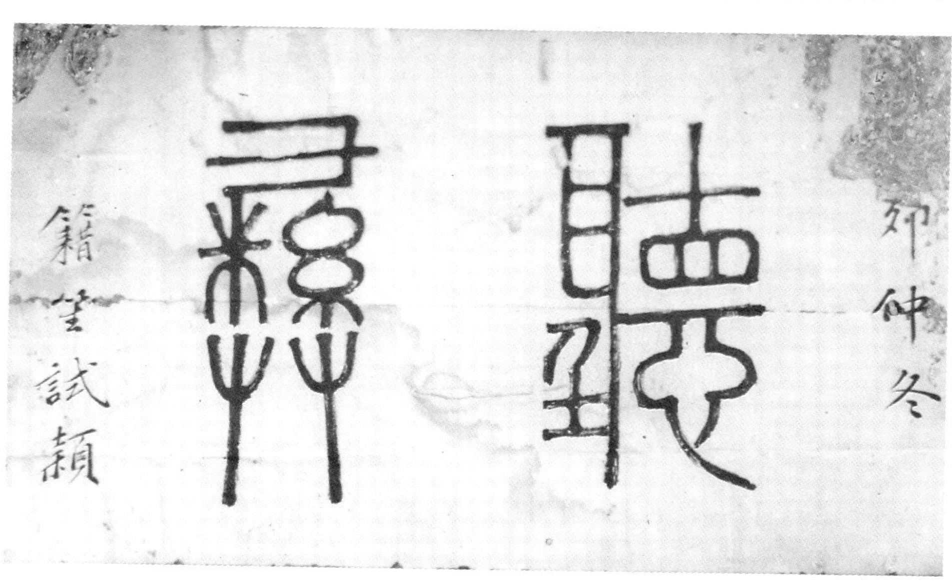

清末民初　國父少年業師程君海先生，學紹程朱，心存正義，憤清廷喪權辱國，絕意仕進，安貧樂道，敝屣尊榮，闡經講學，潛心著述，其抱德高騫，學粹操清，堪稱近代文中子，在儒林中樹立典範；而高風追尚父，更永挹清芬。爰將君海先生生平事蹟及與　國父的關係，就有關資料及所知者，謹擇要敍述，藉表欽遲之意。

君海先生諱步瀛，字守堅，別字籍笙，號君海，廣東中山縣南蓢人，儀容頎秀，天資聰穎，幼涉經史，於諸子百家之籍，無所不窺，未成年卽補博士弟子員。憤清廷顢頇誤國，摒棄仕途，講學於翠亨村，當地父老欽其學行，紛遣子弟從遊，　國父曾執贄受業。　國父在自傳中，謂其幼讀儒書，十二歲畢經業，君海先生卽爲　國父當年受業的經師。先生敎誨學生，不僅傳授學術，尤注意思想的啓迪，義理的闡發及德性的培養，常對學生講述滿清入寇中原，殘殺漢人，與文字獄，以及喪權辱國的史實，意氣慷慨，使聽者民族意識油然而生，民族氣節爲之激發。厥後　國父倡導革命，卒達推翻專制，創建民國，成不朽的偉業，固由於　國父天資聰穎，才華蓋世，志行堅貞，有領導羣倫的器識；而君海先生當日爲國敎導英才，使　國父得受春風時雨的陶育，當可窺知其端倪。

賦性恬淡

當　國父致力革命，遭清廷下令緝捕之訊，傳至翠亨村時，君海先生方舉杯飲酒，聞訊擲杯而起曰：「帝象（國父學名）果能實行余志，誠不負所望矣」。國父師事君海先生時，先生嘗以「虎豹誠能格」五字命對，國父立應曰：「龍蛇未可知」，因知國父非池中物，益悉心教誨，蓋以光復神州之責，早屬望於國父，而國父終不負其所望。

民國成立後，國父屢邀君海先生襄理文案，先生賦性恬淡，均以體弱不勝繁劇婉辭；國父知其家境清寒，遂按時撥給津貼以報之。先生持躬嚴正，嫉惡如讐，待人則誠摯謙和，溫恭有禮；且心存惠濟，平日賙人之急，解人之困，則惟恐不及，其事蹟尤爲鄉人所稱道。晚年隱居家園，以國學授族中子弟，顏其堂曰「濱海讀書堂」，平日所爲詩文甚多，現有典籍可考者，有「孫中山傳」、「易學闡微」及「濱海讀書堂詩集」等。

民國二十年九一八事件發生，其哲嗣少籍兄負笈穗垣，與全市中上學校學生成立抗日運動聯合會，領導廣州愛國青年奮起抗日，君海先生聞之，頻馳書勗勉，告以暴敵憑陵，一切努力均應以救國爲目標，並謂爾能獻身救國運動，實獲我心，勿以家庭爲念。其對瀋陽當局不戰而棄所守，痛恨至深，繼見日軍節節進犯，國際聯盟復無法制裁侵略，憂憤成疾，至二十一年一月卒告不起。當時敵寇未殲，哲人遽萎，不啻含恨而終，其熱愛國家，有足多者。

有子克紹箕裘

君海先生哲嗣少籍兄，夙承庭訓，刻苦奮發，領導廣州青年救國運動，成績斐然，先後兼任省立工專，省立勷大工學院教師。抗戰期間，奉中央任命，派爲廣州市黨部執行委員，深入敵後工作，貢獻良多。現在港從事學術研究及著述，頗有成就，繼志有人，克紹箕裘。

我生也晚，未及親炙君海先生，惟與其堂弟天固先生及其哲嗣少籍兄相識。當我擔任廣東國立中山大學特派員時，曾陪同天固先生接任該校法學院院長。天固先生早歲加入同盟會，追隨國父參加革命，在美學成歸國，曾任廣州市長、實業部長及駐墨西哥與駐巴西大使等職，嘗晤承教益，而與少籍兄亦常有書信往還，因此得知君海先生的生平事蹟，欽慕其人。現在舉出與國父在廣東領導革命局勢之發展及黨史極有關聯的兩件大事，更可見其與　國父的情誼。

第一件事是　國父領導護法之役：民國六年，段祺瑞任北京政府國務總理，爲對德宣戰問題，不滿舊國會，嗾使督軍團迫總統黎元洪解散國會，釀成復辟之變。

黎元洪去職，馮國璋繼任總統，段祺瑞仍爲國務總理，雲南督軍唐繼堯首先通電反對。國父由日本返國，先到上海，號召西南各省，擁護約法，恢復國會。當護法運動開始時，　國父於上海哈同花園和海軍總長程璧光及唐紹儀、伍廷芳、岑春煊等計議，由程璧光率艦南下，鞏固粵省根據地。

其時粵省督軍桂人莫榮新，握有實權，程璧光主張不宜在粵組織軍政府，恐招致莫氏及桂系實力派的不安，反致僨事，惟　國父對護法大計，則主張在粵組府，集中力量，以期統一號令，共策進行。無奈程璧光對桂系及莫榮新有所顧慮，其見解與　國父相左。但　國父對其所持護法主張，至爲堅決，復以艦隊已經南下，一部份舊國會議員，又相繼集中粵省，倘無發號施令的最高機關，將無以維繫人心，而利策動，遂對組府的策動，更加積極。

顧當時粵中實力，事實上操於莫榮新之手，而莫氏是否眞心擁護革命，至屬疑問。所以國父以爲若得海軍傾誠相助，其他問題，則易解決。惟　國父知道程璧光和他的見解不同，「甚至認爲玉堂（程璧光字）之態度，亦頗難測」❶，此時想得到他的贊助，殊不容易，乃物色向來和他接近而又能與他講話的人，從旁疏解。

國父除囑咐天固先生付以斡旋之責外，並以君海先生「與璧光交誼極篤，託其設法勸導，使璧光捐除成見，共策進行」❷。君海先生深知當時革命環境及程璧光對扭轉局勢的重要性，遂毅然接受　國父的委託，一再向璧光婉勸，卒能使其盡捐成見，與　國父衷誠合作，其所率的海軍全體將士，効忠共和，聽候　國父調遣❸，革命的實力，爲之驟增。

程璧光態度轉變傾向革命後，　國父乃與程璧光及其所屬第一艦隊司令林葆懌共商大計❹，從容部署，於民國六年八月在廣州召開非常國會，組織軍政府，選舉國父爲大元帥，程璧光被任

---

❶見　國父全集第三册，第四八三頁。

❷見程天固回憶錄之一「程璧光南下護法及殉國經過」，刊載春秋第四一四期。

❸見　國父全集第二册，第三七六頁載：　國父「迭次與程總長磋商，幸得海軍全數將士，效忠共和」。

❹見　國父全集第一册，第八二六頁，　國父受任海陸軍大元帥宣言中載：「乃與海軍總長程璧光，第一艦隊司令林葆懌共商大計」等語。

為海軍部長，自此對　國父益竭誠擁戴，廣東革命基地得以鞏固。

後來程璧光被反對派狙擊，殉職於海珠碼頭，　國父聞變，立刻到現場抱屍慟哭❺，飭嚴拿狙擊兇徒，咨國會非常會議優議程璧光榮典，及准國會非常會議議決國葬❻，均有史實可徵。揆諸程璧光之捐除成見，傾向革命，開府後竭誠服從，增強革命陣營，追源溯始，固緣於　國父欲「爭回眞共和，以貫澈救國救民之宗旨」❼，及大度包容，精誠感召所致；而君海先生受託一再懇切婉勸，動之以情，使程璧光透徹認識革命之大義，其功實不可沒。

撰寫「孫中山傳」

第二件事是：　國父當年駐節廣州時，見市面上有關紀述他少年事蹟的書籍，類多不實，他知道君海先生最清楚他少年時代的情況，遂特請君海先生撰寫「孫中山傳」，將其眞實事蹟，詳為紀述，公之於世。現「孫中山傳」原稿雖因日軍侵港時散失，而當日題跋之林直勉先生已去世；惟本黨中央評議委員黃麟書先生於民國六十三年四月十九日在其手書程君海先生墓表題跋中，曾敍述其事，原文云：「民國二十一年春，程少籍兄曾以其令先翁君海先生手著『孫中山傳』見

❺同❷。

❻見　國父全集第四冊，第二七七及三四六頁。

❼見　國父全集第二冊，第三七六頁。

示，內容記述　國父少時事蹟甚詳，文辭典雅，書法秀逸，傳中並有　國父手書補充資料，尤足珍貴，林直勉先生曾題跋於卷末，稱爲研究本黨　總理事蹟之重要文獻。

抗戰事起，少籍兄爲保存先人手澤，將君海先生所有遺作，運港珍藏，不意竟毀於日軍侵港之頃，惜哉！」又程天固先生在題跋附識中亦云：「查跋中所稱『孫中山傳』，原爲　國父面囑先伯兄所撰述者，內容側重　國父幼時及少年事蹟，　國父並親筆補離鄉後經過事實甚詳，時人以　國父及直勉先生與先伯兄三人文字，萃於一書，稱爲三絕。

本已什襲珍藏，不圖竟罹浩刼，誠黨史一大損失也」。再據程少籍兄補記，君海先生墓表初版面世時，林翼中先生曾告訴他說：君海先生所撰「孫中山傳」原稿，當日黃麟書先生置於粵省黨部常務委員室中，他和各委員均曾展閱，咸謂斯篇對　國父少年事蹟及其從事革命活動情形，記述詳確，爲研究近代中國史者提供珍貴資料，且文字優美，尤非常人所能及，眞不愧　國父經師之傑作。並笑着對程少籍兄說：「得閱此原稿，目前在港居留者，除黃麟書先生外，尚有我這副老骨頭也」（按林翼中先生時年九十六歲）。又林翼中先生九十二歲時手題程君海先生墓表跋，亦有「　國父少時師事君海先生事，粵人耳熟能詳，惟坊間稗籍，記述　國父早年求學事蹟，或摭拾傳聞，或濫加臆造，輒多失實，此　國父生前所以特囑君海先生手撰『孫中山傳』，將其少年事蹟，公諸於世也」的記述。根據以上記載，君海先生在其生前曾受　國父之囑，撰寫「孫中山傳」，當屬信而有徵。

國父終身敬仰的業師

此外還值得一述的，就是 國父對其業師君海先生禮遇甚隆，始終不衰。據曾任廣州軍政府，後任國民政府外交部秘書、司長及我國駐印度加爾各答總領事等職的朱麗泉先生記述：西元一九七三年（民國六十二年）夏天，程天固先生約其茗敍，曾告訴君海先生曩年在廣州，常爲 國父座上客，彼時追隨 國父而認識君海先生的人，僅存李宗黃和張發奎兩位先生。

他已馳函臺北李宗黃先生，請爲君海先生墓表題詞紀念，並託朱先生轉致張發奎將軍，亦請爲其墓表題詞。朱先生卽如囑往晤張將軍，當張將軍覽畢墓表全文後，曾向朱先生說出當年他對 國父敬師所得的印象。

張將軍說：「當年在廣州，有一次我見到一位身軀瘦長、鬢髮斑白，穿着淺藍色長袍的老先生來訪中山先生，接見時，中山先生對之十分恭謹，異於常人，接着便和這位老先生娓娓深談，略無倦容。瀕別時，中山先生又十分客氣的殷勤相送。

我當時看在眼裏，覺得有些奇怪，中山先生爲什麼對這老頭兒如此尊敬？後來才知道他是 國父在翠亨村讀書時的老師——程君海先生，這一幕令我印象深刻，至今記憶猶新」❽，少籍兄也曾告訴我：他少年時隨其先君謁見 國父時，見 國父對其先君執禮甚恭的印象，至今猶畢生

❽見七十年九月二十五日美國舊金山時報刊載朱麗泉撰「 國父敬師懿行與君海先生高風」。

難忘。

海濱先生稱他「師傅」

當　國父師事君海先生時，先生尚未入泮，以後始考取秀才。因君海先生只長　國父六歲，年齡差距不大，性情思想皆甚接近。君海先生並非　國父的啓蒙老師，而是在翠亨村最後從遊的老師，但　國父對君海先生禮遇特隆❾。黨國元老鄒海濱先生於民國二十三年冬手書「帥傅遺居」四字題君海先生故居前門扁額，蓋以　國父曾任大元帥，故以「帥傅」稱君海先生，亦寓有國父敬師之意義。　國父對少年時代的業師，始終恭敬不渝，這種尊師重道的美德，誠足爲天下萬世法式。

君海先生於民國二十一年一月病逝後，葬於故鄉，其門人陸華顯撰寫墓表，請胡漢民先生書就，勒於貞珉，荏苒四十餘年，其故鄉迭罹變刼，原日墓地已夷作農場，墓碑亦遭毀棄。其堂弟程天固先生念君海先生一生恬淡，雖爲　國父師，曾不以此而干祿，僅於幕後爲　國父劃策，晚年潛心著述，以供後學之研摩，其安貧樂道的精神，殊堪爲後人矜式，爲發揚其德行起見，爰將墓表籌備刊行，特浼梁寒操先生將墓表重書，函由彥棻陳奉先總統　蔣公頒題檢，及請黨國諸先進題詞刊行。

❾同❽。

迨六十年夏，程少籍兄應邀來臺，參加其文郎應屆國防醫學院畢業典禮，携同君海先生墓表英文譯稿來晤，並謂為使　國父少年事蹟及其先人行誼，得以流傳海外，特將墓表迻譯英文，夙知葉公超先生學貫中西，囑我轉請將譯稿予以審訂。時當盛暑，葉先生方從事於國際漢學會議，公務正忙，惟以少籍兄遠來求正，遂於百忙中撥冗將譯稿詳加修訂，親交少籍兄携返付梓出版。

七十一年十一月，少籍兄復將君海先生墓表及英譯本合訂面世，囑我作一序文。我因君海先生墓表的刊行與英譯稿的修訂過程，均參與其事，嘗略敍其梗概，藉表欣慰之忱。現君海先生墓表及英譯合訂本已面世，分送各國國家圖書館、各大學圖書館及海外華僑團體庋藏，供研究中國近代史者之參考，而使中國近代珍貴文獻普傳於世，君海先生可謂不朽矣。

滄海叢刊已刊行書目(八)

書名	作者	類別
文學欣賞的靈魂	劉述先	西洋文學
西洋兒童文學史	葉詠琍	西洋文學
現代藝術哲學	孫旗譯	藝術
音樂人生	黄友棣	音樂
音樂與我	趙琴	音樂
音樂伴我遊	趙琴	音樂
爐邊閒話	李抱忱	音樂
琴臺碎語	黄友棣	音樂
音樂隨筆	趙琴	音樂
樂林蓽露	黄友棣	音樂
樂谷鳴泉	黄友棣	音樂
樂韻飄香	黄友棣	音樂
樂圃長春	黄友棣	音樂
色彩基礎	何耀宗	美術
水彩技巧與創作	劉其偉	美術
繪畫隨筆	陳景容	美術
素描的技法	陳景容	美術
人體工學與安全	劉其偉	美術
立體造形基本設計	張長傑	美術
工藝材料	李鈞棫	美術
石膏工藝	李鈞棫	美術
裝飾工藝	張長傑	美術
都市計劃概論	王紀鯤	建築
建築設計方法	陳政雄	建築
建築基本畫	陳榮美 楊麗黛	建築
建築鋼屋架結構設計	王萬雄	建築
中國的建築藝術	張紹載	建築
室内環境設計	李琬琬	建築
現代工藝概論	張長傑	雕刻
藤竹工	張長傑	雕刻
戲劇藝術之發展及其原理	趙如琳譯	戲劇
戲劇編寫法	方寸	戲劇
時代的經驗	汪琪 彭家發	新聞
大衆傳播的挑戰	石永貴	新聞
書法與心理	高尚仁	心理

滄海叢刊已刊行書目 (七)

書名	作者	類別
印度文學歷代名著選(上)(下)	糜文開編譯	文學
寒山子研究	陳慧劍	文學
魯迅這個人	劉心皇	文學
孟學的現代意義	王支洪	文學
比較詩學	葉維廉	比較文學
結構主義與中國文學	周英雄	比較文學
主題學研究論文集	陳鵬翔主編	比較文學
中國小說比較研究	侯健	比較文學
現象學與文學批評	鄭樹森編	比較文學
記號詩學	古添洪	比較文學
中美文學因緣	鄭樹森編	比較文學
文學因緣	鄭樹森	比較文學
比較文學理論與實踐	張漢良	比較文學
韓非子析論	謝雲飛	中國文學
陶淵明評論	李辰冬	中國文學
中國文學論叢	錢穆	中國文學
文學新論	李辰冬	中國文學
離騷九歌九章淺釋	繆天華	中國文學
苕華詞與人間詞話述評	王宗樂	中國文學
杜甫作品繫年	李辰冬	中國文學
元曲六大家	應裕康 王忠林	中國文學
詩經研讀指導	裴普賢	中國文學
迦陵談詩二集	葉嘉瑩	中國文學
莊子及其文學	黃錦鋐	中國文學
歐陽修詩本義研究	裴普賢	中國文學
清真詞研究	王支洪	中國文學
宋儒風範	董金裕	中國文學
紅樓夢的文學價值	羅盤	中國文學
四說論叢	羅盤	中國文學
中國文學鑑賞舉隅	黃慶萱 許家鸞	中國文學
牛李黨爭與唐代文學	傅錫壬	中國文學
增訂江皋集	吳俊升	中國文學
浮士德研究	李辰冬譯	西洋文學
蘇忍尼辛選集	劉安雲譯	西洋文學

滄海叢刊已刊行書目(六)

書名	作者	類別
卡薩爾斯之琴	葉石濤	文學
青囊夜燈	許振江	文學
我永遠年輕	唐文標	文學
分析文學	陳啓佑	文學
思想起	陌上塵	文學
心酸記	李喬	文學
離訣	林蒼鬱	文學
孤獨園	林蒼鬱	文學
托塔少年	林文欽編	文學
北美情逅	卜貴美	文學
女兵自傳	謝冰瑩	文學
抗戰日記	謝冰瑩	文學
我在日本	謝冰瑩	文學
給青年朋友的信(上)(下)	謝冰瑩	文學
冰瑩書柬	謝冰瑩	文學
孤寂中的廻響	洛夫	文學
火天使	趙衞民	文學
無塵的鏡子	張默	文學
大漢心聲	張起鈞	文學
回首叫雲飛起	羊令野	文學
康莊有待	向陽	文學
情愛與文學	周伯乃	文學
湍流偶拾	繆天華	文學
文學之旅	蕭傳文	文學
鼓瑟集	幼柏	文學
種子落地	葉海煙	文學
文學邊緣	周玉山	文學
大陸文藝新探	周玉山	文學
累廬聲氣集	姜超嶽	文學
實用文纂	姜超嶽	文學
林下生涯	姜超嶽	文學
材與不材之間	王邦雄	文學
人生小語(一)(二)	何秀煌	文學
兒童文學	葉詠琍	文學

滄海叢刊已刊行書目（五）

書名	作者	類別
中西文學關係研究	王潤華	文學
文開隨筆	糜文開	文學
知識之劍	陳鼎環	文學
野草詞	韋瀚章	文學
李韶歌詞集	李韶	文學
石頭的研究	戴天	文學
留不住的航渡	葉維廉	文學
三十年詩	葉維廉	文學
現代散文欣賞	鄭明娳	文學
現代文學評論	亞菁	文學
三十年代作家論	姜穆	文學
當代臺灣作家論	何欣	文學
藍天白雲集	梁容若	文學
見賢集	鄭彥茶	文學
思齊集	鄭彥茶	文學
寫作是藝術	張秀亞	文學
孟武自選文集	薩孟武	文學
小說創作論	羅盤	文學
細讀現代小說	張素貞	文學
往日旋律	幼柏	文學
城市筆記	巴斯	文學
歐羅巴的蘆笛	葉維廉	文學
一個中國的海	葉維廉	文學
山外有山	李英豪	文學
現實的探索	陳銘磻編	文學
金排附	鍾延豪	文學
放鷹	吳錦發	文學
黃巢殺人八百萬	宋澤萊	文學
燈下燈	蕭蕭	文學
陽關千唱	陳煌	文學
種籽	向陽	文學
泥土的香味	彭瑞金	文學
無緣廟	陳艷秋	文學
鄉事	林清玄	文學
余忠雄的春天	鍾鐵民	文學
吳煦斌小說集	吳煦斌	文學

滄海叢刊已刊行書目(四)

書名	作者	類別
精忠岳飛傳	李安	傳記
八十憶雙親 師友雜憶 合刊	錢穆	傳記
困勉強狷八十年	陶百川	傳記
中國歷史精神	錢穆	史學
國史新論	錢穆	史學
與西方史家論中國史學	杜維運	史學
清代史學與史家	杜維運	史學
中國文字學	潘重規	語言
中國聲韻學	潘重規 陳紹棠	語言
文學與音律	謝雲飛	語言
還鄉夢的幻滅	賴景瑚	文學
葫蘆・再見	鄭明娳	文學
大地之歌	大地詩社	文學
青春	葉蟬貞	文學
比較文學的墾拓在臺灣	古添洪 陳慧樺 主編	文學
從比較神話到文學	古添洪 陳慧樺	文學
解構批評論集	廖炳惠	文學
牧場的情思	張媛媛	文學
萍踪憶語	賴景瑚	文學
讀書與生活	琦君	文學
中西文學關係研究	王潤華	文學
文開隨筆	糜文開	文學
知識之劍	陳鼎環	文學
野草詞	韋瀚章	文學
李韶歌詞集	李韶	文學
現代散文欣賞	鄭明娳	文學
現代文學評論	亞菁	文學
三十年代作家論	姜穆	文學
當代臺灣作家論	何欣	文學
藍天白雲集	梁容若	文學
思齊集	鄭彥棻	文學
寫作是藝術	張秀亞	文學
孟武自選文集	薩孟武	文學
小說創作論	羅盤	文學
細讀現代小說	張素貞	文學

滄海叢刊已刊行書目(三)

書名	作者	類別
世界局勢與中國文化	錢穆	社會
國家論	薩孟武譯	社會
紅樓夢與中國舊家庭	薩孟武	社會
社會學與中國研究	蔡文輝	社會
我國社會的變遷與發展	朱岑樓主編	社會
開放的多元社會	楊國樞	社會
社會、文化和知識份子	葉啓政	社會
臺灣與美國社會問題	蔡文輝 蕭新煌 主編	社會
日本社會的結構	福武直 著 王世雄 譯	社會
財經文存	王作榮	經濟
財經時論	楊道淮	經濟
中國歷代政治得失	錢穆	政治
周禮的政治思想	周世輔 周文湘	政治
儒家政論衍義	薩孟武	政治
先秦政治思想史	梁啓超原著 賈馥茗標點	政治
當代中國與民主	周陽山	政治
中國現代軍事史	劉馥 著 梅寅生 譯	軍事
憲法論集	林紀東	法律
憲法論叢	鄭彥棻	法律
師友風義	鄭彥棻	歷史
黃帝	錢穆	歷史
歷史與人物	吳相湘	歷史
歷史與文化論叢	錢穆	歷史
歷史圈外	朱桂	歷史
中國人的故事	夏雨人	歷史
老臺灣	陳冠學	歷史
古史地理論叢	錢穆	歷史
秦漢史	錢穆	歷史
我這半生	毛振翔	歷史
三生有幸	吳相湘	傳記
弘一大師傳	陳慧劍	傳記
蘇曼殊大師新傳	劉心皇	傳記
當代佛門人物	陳慧劍	傳記
孤兒心影錄	張國柱	傳記

滄海叢刊已刊行書目(二)

書名	作者	類別
老子的哲學	王邦雄	中國哲學
孔學漫談	余家菊	中國哲學
中庸誠的哲學	吳怡	中國哲學
哲學演講錄	吳怡	中國哲學
墨家的哲學方法	鐘友聯	中國哲學
韓非子的哲學	王邦雄	中國哲學
墨家哲學	蔡仁厚	中國哲學
知識、理性與生命	孫寶琛	中國哲學
逍遙的莊子	吳怡	中國哲學
中國哲學的生命和方法	吳怡	中國哲學
儒家與現代中國	韋政通	中國哲學
希臘哲學趣談	鄔昆如	西洋哲學
中世哲學趣談	鄔昆如	西洋哲學
近代哲學趣談	鄔昆如	西洋哲學
現代哲學趣談	鄔昆如	西洋哲學
現代哲學述評(一)	傅佩榮譯	西洋哲學
董仲舒	韋政通	世界哲學家
程顥・程頤	李日章	世界哲學家
狄爾泰	張旺山	世界哲學家
思想的貧困	韋政通	思想
佛學研究	周中一	佛學
佛學論著	周中一	佛學
現代佛學原理	鄭金德	佛學
禪話	周中一	佛學
天人之際	李杏邨	佛學
公案禪語	吳怡	佛學
佛教思想新論	楊惠南	佛學
禪學講話	芝峯法師譯	佛學
圓滿生命的實現 （布施波羅蜜）	陳柏達	佛學
絕對與圓融	霍韜晦	佛學
佛學研究指南	關世謙譯	佛學
當代學人談佛教	楊惠南編	佛學
不疑不懼	王洪鈞	教育
文化與教育	錢穆	教育
教育叢談	上官業佑	教育
印度文化十八篇	糜文開	社會
中華文化十二講	錢穆	社會
清代科舉	劉兆璸	社會

滄海叢刊已刊行書目(一)

書名	作者	類別
國父道德言論類輯	陳立夫	國父遺教
中國學術思想史論叢(一)(二)(三)(四)(五)(六)(七)(八)	錢穆	國學
現代中國學術論衡	錢穆	國學
兩漢經學今古文平議	錢穆	國學
朱子學提綱	錢穆	國學
先秦諸子繫年	錢穆	國學
先秦諸子論叢	唐端正	國學
先秦諸子論叢(續篇)	唐端正	國學
儒學傳統與文化創新	黃俊傑	國學
宋代理學三書隨劄	錢穆	國學
莊子纂箋	錢穆	國學
湖上閒思錄	錢穆	哲學
人生十論	錢穆	哲學
中國百位哲學家	黎建球	哲學
西洋百位哲學家	鄔昆如	哲學
現代存在思想家	項退結	哲學
比較哲學與文化(一)(二)	吳森	哲學
文化哲學講錄(一)(二)(三)(四)	鄔昆如	哲學
哲學淺論	張康譯	哲學
哲學十大問題	鄔昆如	哲學
哲學智慧的尋求	何秀煌	哲學
哲學的智慧與歷史的聰明	何秀煌	哲學
內心悅樂之源泉	吳經熊	哲學
從西方哲學到禪佛教 —「哲學與宗教」一集—	傅偉勳	哲學
批判的繼承與創造的發展 —「哲學與宗教二集」—	傅偉勳	哲學
愛的哲學	蘇昌美	哲學
是與非	張身華譯	哲學
語言哲學	劉福增	哲學
邏輯與設基法	劉福增	哲學
知識・邏輯・科學哲學	林正弘	哲學
中國管理哲學	曾仕強	哲學